大学生
生命安全读本

DAXUESHENG
SHENGMING ANQUAN DUBEN

中国红十字会总会 编

社会科学文献出版社
SSAP
SOCIAL SCIENCES ACADEMIC PRESS (CHINA)

“安全救护系列图书”专家委员会

主　任： 王一镗
副主任： 季成叶
委　员： 王声湧　刘筱娴　刘晓华　孙长怡　钟华荪

本书主编： 季成叶
副 主 编： 韩宪洲　孙长怡

文字编写： 刘建宁　洪　会
摄影绘图： 徐同庆　黄阁宾　范　慧

目录

安全篇

救护篇

第一章 生理安全

第一节 培养健康饮食习惯

一 大学生常见不良饮食习惯

1.不吃早餐或早餐营养质量不高

大学生普遍不重视早餐，相当多的大学生不吃早餐或早餐营养质量不高。

2.偏爱零食

大学生普遍喜欢吃零食，尤其是女生。

3.偏爱洋快餐

从营养的角度看，洋快餐普遍是肉多、菜少、高能量、高脂肪、低膳食纤维、低维生素、低矿物质的食品。

4.偏爱油炸食品

油条、煎饼、油炸花生、煎鸡蛋等油炸食品以其鲜美酥脆的口感，深受大学生青睐。此类经高温烹调的食品可产生大量有强烈致癌作用的丙烯酰胺、苯丙芘等毒性物质，故不宜多食用。

5.校外就餐

多数大学生校外就餐的地点选择在学校周边餐馆、街边小店、小摊上，但这些地方大多条件简陋，缺少消毒器具，用餐环境恶劣，存在严重的食品安全隐患。

6.白开水饮用量偏少

很多大学生没有主动饮水的习惯，每日的饮水量不足，往往是渴极了才暴饮一顿。

7.蔬菜和水果摄入量少

大学生膳食结构不合理还表现为每餐主食量摄入偏多，而蔬菜水果摄入量较少。

8.饮食不规律

有一部分大学生一日三餐进餐时间和进餐间隔无规律，甚至三餐的食量分配也不合理，随意性非常大。

二 常见的营养性疾病

营养缺乏或不足会导致热能营养不良、脚气病、坏血病、营养性贫血等疾病（如表 1-1）。

表 1-1 常见营养性疾病

缺乏的营养成分	蛋白质	维生素 A	维生素 B2	铁
导致的疾病	营养消瘦症	夜盲症与干眼病	湿疹样皮炎、阴囊炎、舌炎、口角炎和脂溢性皮炎等，此外亦可见角膜出血、羞明、视力模糊、流泪等症状	面色、口唇黏膜与眼结膜苍白、疲倦乏力，头晕耳鸣，记忆力减退，出现低热、活动后呼吸急促等症状，中度贫血者心率加快、心脏搏动增强

营养过剩或比例失调，如某些必需微量元素摄入过多可致中毒；热能、脂肪等摄入过多可致肥胖、高脂血症、动脉粥样硬化等疾病。

三 培养健康饮食习惯

1.普及营养知识

各大学校园应全面开展营养教育和宣传活动，逐步提高大学生的营养知识水平。

2.树立营养观念

学校相关部门应引导大学生明智地进行食物消费，努力帮助他们逐步改掉不利于健康的饮食消费行为习惯，优化膳食结构。如根据中国居民膳食指南，大力推广营养餐等。同时，大学生的自我约束和自我教育、自我实践对其形成健康的饮食消费行为习惯至关重要。通过科学的饮食实践，养成良好的饮食习惯。

3.提高食品安全意识

(1)学生要养成在学校食堂就餐的习惯，尽量不在卫生条件差的小餐馆就餐。要到正规商店里购买食品，尽量选择信誉度较好的品牌。

(2)在选购散装食品时，由于散装食品接触的人群较多，还要特别注意食品的存储条件和卫生状况，购买时不要贪图“美色”，盲目追求“光鲜亮丽”的食品或饮料。

(3)不盲目随从广告，广告的宣传并不代表科学，是商家利益的体现。

(4)要分清食品保质期和保存期。保质期是最佳食用期，保存期是推荐最后食用日期。

(5)正确选购饮料。选购饮料要因人而异。果汁饮料有一定的营养成分，适合青少年饮用，但不能长期或一次性大量饮用。购买饮料时特别注意瓶装饮料的瓶体是否异常，是否存在漏气可能。选购碳酸饮料时，尽量选择近期生产的、罐体坚硬不易变形的产品。

(6)正确饮用牛奶。不要空腹喝牛奶，不要与茶一起饮用牛奶。早上饮用牛奶，应同时吃一些富含淀粉的谷类食物。

第二节 食物中毒的原因与救护

一 食物中毒的原因

1.食物储存不当或存放时间过长

夏季天气炎热，适合各种微生物生长繁殖，食物中的细菌数量较多，食物容易变质，加上人们喜欢吃凉食，很容易引起食物中毒；菜、汤中的亚硝酸含量会随着储存时间变长而增加，因而吃隔夜的菜、汤则可能会引起亚硝酸盐中毒。

2.食物在烹制过程中没有充分经过热处理

如有的人对生冷的海鲜过敏，吃完有肠胃不适的症状；生食与熟食混在一起，熟食被污染后直接食用，导致食物中毒。

3.食物在加工过程中受环境污染

有些生产企业无视人们的生命健康，对制作食品过程中的卫生安全标准置之不顾，再加上食品加工人员不好的卫生习惯使得食品安全问题的警钟长鸣，食物中毒事件屡屡出现。

二 食物中毒的救护

食物中毒发生后，要尽快采取措施：排出毒物，阻滞未排出毒物的吸收，促进已吸收的毒物尽快排泄，根据病情作必要的支持治疗和对症处理，对部分中毒者还需要特殊治疗。以上措施中，对中毒现象较轻的患者来说，有些排出毒物的方法是可以自行完成的，以避免病情的加重。对中毒严重者，需及时送往医院采取特殊治疗措施。

排出毒物的方法有催吐、洗胃及清肠等。

1.催吐

中毒后不久，毒物尚未完全吸收，此时催吐效果较好，而且方法简单。催吐的条件是患者意识必须清楚。若中毒后已经发生剧烈呕吐，可不必催吐。催吐的方法有多种，最简单的是用筷子或汤匙柄刺激后咽壁（咽喉部）引起呕吐。

2.洗胃

洗胃的方法有多种，对神志清楚的患者，可令其反复喝进洗胃液或清水，然后吐出。

3.清肠

中毒时间较长或腹泻次数不多的患者可能有毒物滞留肠道内，应及时就医排出肠道内容物及毒物。

保留食物样本。由于确定中毒物质对治疗来说至关重要，因此，在发生食物中毒后，要保存导致中毒的食物样本，以提供给医院进行检测。如果身边没有食物样本，也可保留患者的呕吐物和排泄物，以方便医生确诊和救治。

第三节　亚健康的预防

世界卫生组织将机体无器质性病变，但是有一些功能改变的状态称为“第三状态”，我国称为“亚健康状态”。以下几类人最容易进入“亚健康状态”：精神负担过重的人；脑力劳动繁重的人；体力劳动负担比较重的人；人际关系紧张、负担比较重的人；长期从事简单、机械化工作的人（缺少外界的沟通和刺激）；压力大的人；生活无规律的人；饮食不平衡、吸烟酗酒的人。

一　避免不健康的生活方式

（1）膳食结构不合理。

（2）吸烟。

（3）长期熬夜。

（4）长期被辐射。

(5)看电视过多。

(6)过度肥胖。

(7)药物成瘾。

(8)过量饮酒。

(9)压力过大。

(10)网络成瘾。

(11)穿衣不当。

(12)有果汁饮料综合征。

(13)不注意个人卫生。

(14)依赖化妆品。

二 培养健康的生活习惯

(1)吃一顿营养的早餐。

(2)每日食用蔬果。

(3)每日运动30分钟。

(4)用牙线剔牙。

(5)种植盆栽或养一缸鱼,把大自然带进屋内。

(6)戒烟。

(7)吃饭时把电视关掉。

(8)把棉被、枕头调整到最舒适的状态,让自己有好睡眠。

第四节 艾滋病的预防

一 认识艾滋病

艾滋病,是英文名称“AIDS”的音译。它是由感染“HIV”病毒引起的。HIV是一种能攻击人体免疫系统的病毒。当免疫系统被HIV破坏后,人体由于抵抗能力过低,丧失复制免疫细胞的机会,并感染其他的疾病导致各种复合感染而死亡。艾滋病病毒在人体内的潜伏期平均为9年至10年,在发展成艾滋病病人以前,病毒感染者外表看上去正常,他们可以没有任何症状地生活和工作很多年。

二 艾滋病的传播

艾滋病通过性接触、血液和母婴三种途径传播。

以下行为一般不会感染艾滋病。

(1)咳嗽或打喷嚏。

(2)共用餐勺或茶杯。

(3)握手、握门把手或公共汽车的扶手。

(4)使用公厕。

(5)使用游泳池或公共浴池。

(6)接触宠物。

三 艾滋病的预防

鉴于艾滋病危害性巨大,同学们在日常生活中一定要做好预防措施,避免接触艾滋病传染源,一旦发现患病,要及时到专业医院治疗,以免病情加重。

(1)洁身自爱,遵守性道德是预防艾滋病的根本方法。

(2)进行安全的性行为,每次发生性行为时都正确使用避孕套。

(3)及时、规范地治疗性病可大大降低感染HIV的可能。

(4)不共用牙刷和剃须刀等。

(5) 避免不必要的输血和注射,进行穿破皮肤的行为时保证用具经过严格的消毒。

(6)戒断毒品,不共用注射器注射毒品。

(7)避免母婴传播。

第二章 心理安全

第一节 心理问题的预防与处理

一 大学生常见心理困惑

1.学习不适应，目标盲目

由于没了高中老师的监督和要求，很多大学生对学习没有及时制定整体性目标，并放松了自我督促，导致学习效率低下，成绩也不尽如人意，心理会产生焦虑和恐慌。

2.人际交往不适，孤独感增加

新的环境会让部分新生感到困惑，部分同学可能由于入学分数低等原因认为自己不如别人，感到自卑，由此疏远人群和集体。

3.情感处理不当，纠葛难解

对于正处于青春期的大学生来说，爱情的产生是美好而自然的，但若处理不当则会给自己带来想象不到的烦恼。

4.就业困惑增多，恐惧未来

在大学阶段后期，学生们不可避免地要面对社会就业的竞争，部分学生因心理承受能力有限，对大学学习不自信，再加上对就业环境的认知偏差导致对就业过分恐惧和担心，许多人会出现挫败感、从众、逃避等不健康心理，对进入社会也产生了一定的恐慌和惧怕。

二 大学生常见心理危机

1.心灵感冒——抑郁症

如果一个人在两周或更长的时间内，同时存在下述症状中的三个，尤其是第(1)、第(2)、第(13)项，就有可能患了抑郁症。

(1)几乎每天心情都非常恶劣；

(2) 对以前感兴趣的东西或活动失去兴趣；

(3) 感到麻木、空虚、无聊；

(4)躯体疼痛（胃痛、头痛等）；

(5)睡眠困难（难以入睡、早醒或睡得过多）；

(6)体重改变或饮食习惯改变；

(7)过分的挫败感和过分自责；

(8)不能集中注意力，思考问题困难；

(9) 和平常比，更易怒、紧张；

(10)感到自己没有价值；

(11)感到无助、无望；

(12)没有精力或动力，心理压力大；

(13)反复出现死亡或自杀的想法，觉得活着还不如死了好。

2.虚幻的自我——精神分裂症

如果一个人在一个月内有下列两种以上的症状，便可能患有精神分裂症。

(1)幻觉（看到或听到他人对自己思想及行为的批评，或听到两人或多人交谈，其实这些声音或景象并不存在）；

(2) 妄想（超越现实中个人所能达成或与现实不符的想法，如有的人说自己当总统、主宰世界、拯救众生等）；

(3)语无伦次；

(4)痴呆或错乱的行为；

(5)情感上陷于停滞，行为退缩。

3.紧急呼救——自杀危机

当一个人有以下行为或经历时，有可能发生自杀危机。

(1)直接或间接说出对生命无望，不想活；

(2)与亲朋好友告别，或把自己最重要的物品送人；

(3)突然出现的、明显的行为改变和中断与别人的交往；

(4)抑郁症的表现加重；

(5)近期特别是最近两天，有严重的挫折事件发生；

(6)有长期的生活、工作或心理压力的堆积；

(7)自己或亲友、熟人有过自杀行为。

三 心理危机产生的原因

1.遗传的易感性

某些精神疾病，例如抑郁症、精神分裂症等，具有一定程度的家族遗传性。

2.过重的压力

如果大学生在学校和社会生活中，经受了严重的家庭变故、人际冲突、恋爱失败、学习成绩不理想、生理疾病、经济困难等方面的打击或连续遭受重大事件影响，个人不能有效地应对时，就可能产生心理危机。

3.人格的欠缺

如果一个人过分追求完美，做事总是犹豫不决，心理承受能力低下；性格孤僻，思维方式欠缺弹性（如在思考问题时常常非此即彼、以偏概全），人际交往能力欠缺，分析问题和解决问题的能力低下，应对挫折能力差，不能有效地管理和控制情绪，就可能发生心理危机。

4.爱的缺乏

在家庭中缺乏来自父母的关爱，父母的期望过高、要求过严，与父母不能进行有效地沟通；在学校中师生关系疏离，同学之间关系冷漠，缺少相互关爱的气氛，也是心理危机发生的重要诱因。

四 预防建议

1.爱自己，让你的生命更绚烂

珍爱生命。人最宝贵的是生命，生命对于每个人以及父母和一切关爱你的人来说，是最珍贵的宝物，只有生命存在，才谈得上个人的发展及其他一切。

2.直面痛苦

每个生命在成长中都会伴随着疾病、天灾、人祸的威胁，伴随着各种不如意甚至是痛苦的磨难。对于这些，你只能坦然接受、积极应对，不能逃避。要主动磨炼自己。当你走出痛苦时，便获得了生命的成长。

3.过好每一天

我们不必对往事耿耿于怀，无论是家庭的、学业的、人际的还是情感的，因为它已经不再真实地存在；我们也不必为未来忧心忡忡，因为它只是你的想象；只有今天是最真实的，生命就是活在当下，过好每一天。

4.体验快乐

空中一阵清风掠过，路边一丛小草泛绿，地上一朵小花绽放，天上一只小鸟鸣叫，都会让你心情愉悦；生活中父母的一声关切的叮嘱，老师的一个鼓励的眼神，同学的一句温暖的话语……只要大家用心去体察、用心去感悟，就会感受到快乐。

5.学会感激

怀着一颗感恩的心生活，你会时时发现生活的美丽，感受生命的快乐。常感激，快乐将与你相伴。

五 处理方法

1.汲取心灵营养

学校开设的心理健康课程，开办的心理网站，创办的心理报刊，举办的各种心理讲座、团队辅导、心理文化月活动等，都为大学生提供了学习心理健康知识、调节心理的机会，大学生要积极参加，提高自己的心理素质。

2.主动寻求帮助

当自己感觉压力过大或自我调节效果不明显时，要向父母、老师、同学和学校心理咨询部门等求助。

3.培养良好的生活方式

(1)合理安排时间，学会科学用脑，劳逸结合。

(2)加强体育锻炼，提高中枢神经系统的反应能力，增强体质，这也能培养乐观开朗的性格，减轻精神压力。

(3)丰富生活情趣。开展丰富多彩的娱乐休闲活动，可以松弛紧张的情绪，达到劳逸结合、提高学习效率的目的。

(4)克服不良嗜好。尤其要注意克服吸烟、酗酒的不良习惯。

第二节 心理疾病的预防与救护

一 常见心理疾病

1.抑郁症

抑郁症是普通人群中很常见的心理障碍，抑郁症与一般的“不高兴”“抑郁”有着本质区别，它有四种明显的特征：情绪低落、思维迟缓、自我评价低和运动抑制。

2.神经症

神经症是一组主要表现为焦虑、强迫、恐怖、疑病症状或神经衰弱症状的精神障碍。大学生常见的神经症主要有恐惧症、焦虑症和强迫症。

3.人格障碍

从心理学角度看，人格障碍指人格特征明显偏离正常群体，具有一贯的个人生活风格和人际关系的异常行为模式。人格障碍有很多种类型，在大学生中较为常见的是偏执型人格障碍、自恋型人格障碍和边缘型人格障碍。

4.精神分裂症

精神分裂症多起病于青年阶段，发病比较缓慢，容易被人忽略。此类疾病的患者在思维、情感、行为等多方面有障碍，精神活动不协调。关于精神分裂症的病因，目前普遍认为是七分遗传、三分环境。同时，家庭环境的影响也十分重要，如家庭不和、父母关系紧张、亲子关系紧张等消极因素对个体的成长会带来不良影响，也可能会导致其患上精神分裂症。

二 自我调适方法

1.自我暗示法

所谓自我暗示就是自己通过语言、动作影响自己心理的过程。积极的心理暗示可以调节情绪，缓解心理紧张，改善消极心境，矫正不良习惯。

2.自我激励法

是指用生活哲理、榜样力量或明智的思想观念来激励自己。首先，要相信未来是美好的；其次，要正确对待意外事件，长存一颗平常心，临危不惧，处变不惊；再次，知足常乐，自强不息；最后，要相信自己，接受自己，不能被挫折吓倒。

3.情境迁移法

当遇到挫折时，可以转移环境，离开引起苦闷或愤怒的环境，把注意力从消极情绪转移到积极方面上去。

4.情绪宣泄法

把自己的委屈、烦恼、痛苦向知己好友倾诉，或哭泣，或通过歌唱、运动等形式宣泄出来，这样可以减轻、释放心理压力，维持心理平衡。总之，大学生心理素质的培育过程和心理健康的实践过程，既是认识自己、实现自身价值的过程，也是不断地与社会相互作用，适应社会的过程。

三 治疗途径

1.寻求心理咨询

若出现下列情况的时候，可以考虑寻求心理咨询的帮助。例如：感觉对生活失去了控制；对未来生活感到不乐观；经历过某种情感或身体的暴力对待；不知道如何处理自己的生活；经常感到自己是抑郁的；目前有一段不开心的人际关系。

2.求助心理疾病治疗机构

有了精神疾病，仅靠自我调节、心理咨询不能解决问题，因为有些精神疾病的发生可能是生理性原因导致的，因此必要时须及时到医院精神科诊治。

第三章 住宿安全

第一节 寝室防火

学生宿舍是大学生在校园生活中重要的活动场所，宿舍火灾直接威胁大学生的生命安全。掌握寝室防火的基本常识和发生火灾时的逃生措施，是当代大学生必备的生存技能。

一 安全隐患

1.宿舍内抽烟，烟头乱扔

大学生吸烟现象比较普遍。尽管许多大学校园提倡无烟环境、无烟宿舍，但部分大学生还是难以抵挡烟草的诱惑。

2.宿舍内乱拉电源线，使用大功率电器

学校的建筑物供电线路、供电设备，都是按照正常使用情况设计的，如果使用大功率电器，会使供电线路过载而发热，加速线路老化而起火。

3.宿舍照明设备长时间运作自燃

照明设备开启时间较长时，表面温度会不断升高，在特定环境下可能会因短路而自燃，若周围有易燃物品存在时则会引起火灾。

二 预防措施

1.明确防火规范

（1）不乱接电源。

（2）不乱扔烟头。

（3）不躺在床上吸烟。

（4）不在蚊帐内点蜡烛看书。

（5）不焚烧杂物。

（6）不存放易燃易爆物品。

(7)不使用电炉等电热设备。

(8)不擅自使用煤炉、煤油炉、液化器灶具、酒精炉等可能引发火灾的器具。

(9)要人走灯关。嗅到电线胶皮煳味,要及时报告,采取措施。

(10)台灯不要靠近枕头和被褥。

2.组织消防训练,增加消防技能

如今很多高校都比较重视大学生消防安全,并专门开设消防安全课程或讲座,提高学生的防火意识,增加学生的消防知识技能。大学生要掌握消防工具的使用,学会火灾发生后的逃生办法。

三 应对措施

1.及时报警

"119"火警电话是全国统一的专用紧急电话,正确使用好报警电话十分重要。第一,要讲清楚发生火灾的具体地点和楼层,并尽可能讲清起火的具体物象、类型和范围。第二,要仔细注意对方的提问,并把自己的电话号码告诉对方,以便联系。第三,当被告知消防车来了,即可挂机,随后立即派人在火场入口处必经的交叉路口,接引消防车迅速到达火场。

2.掌握有效的灭火方法

(1)隔离法:将着火地方或物件与周围可燃物隔离,无可燃物,燃烧就会中止。

(2)冷却法:冷却的主要办法是喷水或将灭火剂直接喷射到燃烧物上,以降低燃烧物的温度。当燃烧物的温度降低到该物的燃点以下时,燃烧就会停止。或者将灭火剂喷洒在火源附近的可燃物上,使其温度降低,防止辐射热影响而起火。

(3)窒息法:窒息法是一种简易常用的灭火应急方法,其原理是阻止空气流入燃烧区或用不易燃烧的物质冲淡空气,使燃烧物得不到足够的氧气而熄灭。实际运用时,可用石棉毯、湿棉被、黄沙、泡沫等一时不易燃烧的物质迅速覆盖在燃烧物上;用水蒸气或二氧化碳等惰性气体灌注容器设备;用沙土覆盖燃烧物或封闭起火的建筑和设备门窗、孔洞等。应该注意的是,运用窒息法灭火,要动作快捷,当火苗压住以后,应该检查火源是否彻底熄灭,如有余烬,应补以其他灭火措施,以防止覆盖物未能到位而引燃更大的火种。

(4)抑制法:这种方法是用含氟、溴的化学灭火剂(如1211)喷向火焰,让灭火剂参与燃烧反应,使游离基连锁(俗称"燃烧链")反应中断,以达到灭火的目的。灭火方法应不拘一格,灵活运用。在灭火实践中,人们常用的譬如扑打的方法也很管用,但是此法对容易漂浮的絮状粉尘等物质着火则不适用,会使着火物飞扬,反而扩大灾情。

3.勇于自救

宿舍发生火灾时，如果被大火围困，特别是被围困在楼上，应千方百计开展自救。

(1)要熟悉宿舍楼的逃生、自救、互救路线，在火灾发生时切勿过分惊慌，沿安全消防通道出口逃出火灾现场。

(2)如火势不大，可浸湿棉被、毯子等披在身上从火中冲出去。这样做，要当机立断，切不可犹豫不决，以免火势越烧越大，错过逃生时机。

(3)若被困周围烟雾很大，这可比火更为可怕。因为烟雾中含有大量的有毒有害气体，如果不加防备，就会被有毒有害烟气熏倒，这往往是火灾事故中最主要的致死因素(约占95%以上)。如果一定要冲出烟雾区，必须用湿毛巾等捂住鼻嘴，尽可能地猫腰贴地跑出，这样才能减少烟气的吸入量，以免中毒倒下。

(4)如果建筑物有避难房、疏散楼梯的，可以先躲进避难房或由疏散楼梯撤至安全地方。

(5)如宿舍楼为多层建筑物，发生火灾时楼梯已被烧断，或者火势已相当猛烈时，可以利用房屋的老虎窗、阳台、下水管道或其他可以接地牢固的物件逃生。

(6)如生命受到威胁，又无逃生之路时，可以用绳索或将床单撕成条状连接起来，一端拴在固定物件上，再顺着绳索道或布条滑下。

(7)如果万分情急决定跳楼出逃时，可先往地上抛出一些衣物棉被等，以增加缓冲，然后手扶窗台往下滑，以缩小跳落高度，并尽力保持双脚着地，尽可能地保全性命。

(8)如宿舍处在较高楼层，且又无法采取跳楼逃生的办法时，可在室内关闭通向火区的门窗，如有条件，尽可能向门窗上浇水以缓火势蔓延。这时，要采取一切办法(如可用打电话、抛物件等办法)向楼下的人发出求救信号，以赢得救援的机会。 危难见真情，在火场生死关头，更要发扬互助和奉献精神。千万不能惊恐失措，无序夺路。

第二节　安全用电

电，给我们的生活带来了极大的便利。无法想象如果没有电，我们的生活将会怎样。但电又是危险的。如果不安全用电，我们的生命财产将会受到威胁。

一 安全隐患

1.用电环境不安全

不安全的用电环境主要表现为无地线、相位错乱、地线带电、缺零线、电压不稳等几种情形。

2.用电安全意识不强

现在的大学生拥有许多生活电器，像电脑、手机、充电台灯、MP4 等，都需要充电，有的同学在充电时往往会忘记充电时间，致使充电器长时间插在插座上，因而存在安全隐患。另外，部分大学生在宿舍内违规私自使用大功率电器，像“热得快”、电炉等，容易造成电线负荷过大而引发事故。

二 安全规范

住宿学生要牢固树立安全用电意识，自觉做到安全用电，防止因用电不当引起触电或火灾等事故的发生。

(1)宿舍发生线路故障必须及时报有关维修部门更换或维修，严禁私自更换或维修。

(2)严禁在宿舍内、走廊和卫生间等宿舍区内私自拉接电源。

(3)禁止在宿舍内存放和使用电热棒、电炉、电饭锅、电炒锅、电磁炉、电热杯、电水壶等电热器具(功率在 750W以下的电吹风和饮水机除外)。

(4)床边的固定式插座仅供电风扇使用，严禁在床上拉电线、放置移动式插座及使用台灯或其他用电设备。其他固定式插座只能接一个移动式插座，严禁多个互接。移动式插座必须放在安全的地方，不得靠近蚊帐、被褥、衣服、书本等易燃物品。

(5)严禁在宿舍区使用“三无”(无中文标识、无厂名、无厂址)产品、不合格产品、劣质产品和自制的用电设备。

(6)严禁擅自拆除、迁移、自增宿舍内的供电线路及设施,破坏楼内的供电线槽(盒)和供电电缆。

(7)切实做到人离开时关灯、关电源,各种用电设备使用完毕后及时关闭电源,不得长时间通电。

三 应对方法

1.及时发现电气火灾前兆

电气火灾有一种前兆,要特别引起重视。电线会因过热烧焦绝缘外皮,散发出一种烧胶皮、烧塑料的难闻气味。所以,当同学们闻到此气味时,应首先想到可能是电气方面原因引起的,如查不到其他原因,应立即拉闸停电,直到查明原因,妥善处理后,才能合闸送电。

2.正确处理电气火灾

万一发生了火灾,不管是否是电气方面引起的,首先要想办法迅速切断火灾范围内的电源。因为,如果火灾是电气方面引起的,切断了电源,也就切断了起火的火源;如果火灾不是电气方面引起的,也会烧坏电线的绝缘外皮,若不切断电源,烧坏的电线会造成碰线短路,引起更大范围的电线着火。发生电气火灾后,应使用盖土、盖沙等方式或灭火器灭火,但绝不能使用泡沫灭火器,因为此种灭火剂是导电的。

第四章　军训安全

第一节　技能训练安全

一　安全隐患

军训不仅是意志的锻炼更是对体能和身体素质的考验，为了更顺利、完满地完成军训生活，大学生们应注意以下存在的安全隐患。

1.注意防暑和其他疾病

军训时间一般安排在 9 月，白天气温较高，大学生长时间暴露于高强度的紫外线照射下，要特别注意防止晒伤、中暑。同时由于天气变化，同学们可能会饱受骄阳与风雨的双重考验，因此更要注意预防感冒等突发病症；军训中开展较大强度的体能训练时，亦存在诱发心脏病、哮喘、过敏等疾病的隐患。

2.注意野外军训中的伤害

部分高校的军训科目除了队列训练外还包括野外拉练、匍匐前进等高强度训练和披枪队列、实弹射击等高技术难度科目训练，由于个别同学体质较差、准备不足或训练不当，存在身体伤害的安全隐患。军训野外拉练场所一般距离学校较远，需乘车前往；训练场所周边环境相对陌生，且路况比较复杂，存在发生交通事故或走失迷路的安全隐患。在实弹射击训练中，由于接触真枪实弹，在打靶时会存在枪支使用不当走火、误伤的安全隐患。

二　安全规范

1.训练前

根据军训要求，对参训学生要进行身体状况摸底，所有学生必须如实填写《学生军训信息登记表》，不得隐瞒和虚报自己的身体健康状况，因个人身体原因不能参训的，应提供医院证明并进行免训申请。训练前大学生要认真听取科目训练的介绍，了解训练强度、训练时间和对身体的具体要求，避免因身体不适应训练内容而发生事故。

2.训练中

训练中要严格按照教官的口令开展训练，一切听从指挥，不做教官要求以外的危险动作，避免由于违背训练规律造成的安全事故。训练时自身的服装衣袋内不要放坚硬物品，以免划伤、擦伤。在进行高强度、高难度科目训练（如匍匐前进、战术、捕俘拳、据枪瞄准和披枪队列等科目）时，认真听取教官讲解科目训练动作要领和注意事项，避免由于动作不规范引发安全事故。学生进行实弹射击时，要严格遵守教官命令，听从指挥。保管好发放的枪支弹药，不得私自扣留子弹。未经允许，任何人不得靠近装弹、发弹地域，不得越过出发地线。射击结束的学生要服从命令，立即列队离开射击场地，不得随意出列拣拾弹壳。外出拉练时，特别是行进在公路上时，要注意交通安全。拉练中需要横穿马路时，一定要及时与承训部队的连长、班长协调，及时设置调整哨，指挥队伍安全、迅速通过。

3.休息期间

学生在休息期间不要追逐打闹，训练、休息时远离危险地带，如水渠、施工工地和未改造完的地面等。

三 救护措施

军训中发生中暑情况时，迅速将患者转移到阴凉、通风干燥处，抬高头部，补充水和盐分，同时去医务室请医生并取用防暑降温药品，如清凉油、十滴水、人丹等。

在进行科目训练过程中，如果感觉不适，应立即喊报告并缓慢原地坐下，尽量避免直倒下去，以防猝然倒地摔伤。

训练过后不能立即休息、不可马上洗浴，不应暴饮，不宜大量吃糖，不能饮酒除乏。疲劳时要进行适当的按摩，要有充足的睡眠。

运动扭伤后，在没有得到正规医疗救治的时候，不要随意运动，以免造成二次伤害，同时要用冷水或冰块冷敷扭伤部位。

第二节 军训生活安全

军训是一种集体生活，不安全因素较多，在结束紧张的技能训练后，大学生往往会疏忽大意降低安全意识，致使安全事故发生。因此军训技能训练外的生活安全同样有必要强调。

一 安全隐患

1.集体生活安全

军训住宿为集体宿舍，存在消防事故隐患和用电事故隐患；个人物品因存放不当存在财物失窃隐患；因言语、行为不当等多种原因，易出现争执、打群架等治安隐患。

2.不可预见的突发事件

军训期间遇到紧急突发事件（地震、火灾或其他不可预见的突发事件等），存在人员、财产损伤的安全隐患。

3.交通安全隐患

军训乘车时，因不遵守乘车规定，易出现上下车受伤、发生争执、行李丢失等事故隐患。

4.传染性疾病

军训期间处于秋季，是传染疾病多发期，如天气变化较快和不注意个人卫生等原因，都会导致大学生患流感、肠道疾病等，同时存在传染性疾病暴发流行的健康安全隐患。

5.饮食安全

军训期间生活艰苦，因此存在个人私自购买食品、暴饮暴食、食用过期食品或过度节食、挑食的现象，因而有食物中毒、肠胃功能紊乱以及突发性低血糖休克的安全隐患。

二 安全规范

1.军训期间，要严格遵守执行各项军训管理制度

(1) 进入军训基地后，严格执行岗哨值班制度和夜间查铺查哨制度，严格管理

非本楼(层)人员进出，保证宿舍楼内的治安和生活秩序。

(2)发现治安事故迹象要立即示警并及时报告。

(3)宿舍内严禁私接电源，严禁使用明火，严禁擅自使用电炉、热水器等大功率电器。宿舍内的电气设施出现故障要及时报修，不得擅自修理，防止消防、触电事故的发生。

(4)军训期间严禁携带贵重物品，个人物品应妥善存放。

2.认真学习紧急事件应急预案

出现突发事件时，同学们要按照应急预案听从引导，有序疏散至安全地带，防止混乱；平时认真学习自救知识，掌握面对紧急事件有效的自救方法。

3.注意交通安全

参训学生应在指定时间地点统一按次序排队上下车，按照车长安排装卸行李，认真学习乘车安全提示，乘车及上下车听从指挥，确保安全；如途中遇突发交通事故，听从指挥疏散到安全地带，在老师的指导下可参与救治。

4.认真填写《学生军训信息登记表》

填写登记表时不可隐瞒和虚报自己的身体健康状况，患有心血管等不适宜参加军训的疾病，应及时向校方提出申请；军训期间注意个人卫生，根据天气状况做好防风、保暖等保护措施，做好传染性疾病的防治工作；发现传染性疾病苗头应及时向团部和带队教师报告。

5.注意饮食卫生

不喝生水、不私自购买和食用商贩所售的食品（如冷饮、瓜果、肉制品、罐头等），保证饮食卫生；不暴饮暴食，保证肠胃健康；不偷藏食品，避免食物保存不当发生变质；不挑食，以免军训时身体所需能量得不到保障，导致低血糖，影响身体健康。

三 自护方法

1.掌握防火、用电以及灾难自救常识

认真学习火灾、触电及地震等突发性事故的自救常识，面对事故学会用正确的方法进行自救。

2.量力而行

常备个人自用药品，身体不适及时就诊。军训中讲“坚持再坚持”，但如果实在坚持不下去，一定要休息，不要硬撑，防止出意外。特别是体质较差的同学，遇到问

题要立刻举手向军训教官报告。

3.注意补充营养

军训后体力消耗极大，要注意补充营养和水分，多吃一些肉类、蛋类、汤菜类，同时要注意补充各种维生素。特别注意的是：异地求学的学生，易出现水土不服的情况，要做好防治准备。

4.注意防病

军训间隙及结束后，不要急于喝水，应该稍微休息片刻再补充水分，以免肠胃负担突然加重造成伤害。在大汗淋漓的情况下不能马上冲凉水澡，以免全身毛孔迅速闭合，热量不能散发而滞留体内引起高热。此类事件屡见不鲜，新生切记。

5.调整好心理状态

军训不仅是对同学们身体的磨炼，也是对同学们心理的一次考验。面对军训，同学们要调整好自己的心理状态，保持积极向上的情绪。首先，军训是新同学摆脱陌生、无助感，适应新环境的大好机会，新同学可以通过在军训中与周围人积极沟通、互相帮助的方式，熟悉同学和老师，及时调整个人位置，以最好的状态投入新的学习中；其次，同学们在军训中注意培养自己的耐挫能力，面对挫折，要积极应对，既要调整好自己的情绪，更要寻求正确的方法来解决已经发生的问题；再次，不能把军训当成是一次随意的集体活动，军训是对个体意志的磨炼，要做好吃苦的心理准备；最后，遇到心理困惑，要及时向老师寻求心理咨询帮助。

第五章　交往安全

第一节　人际交往界限的把握

一 安全隐患

1.亲友关系

大学生进入陌生环境，会对来自同一地方的“老乡”颇有亲切感，并很容易与其建立起友好关系。然而老乡有时会强加一些他（她）的观点给你，总将恶作剧般的玩笑开到极点，这使大学生想享受这种关系，厌烦与挣扎却屡屡涌上心头。

2.寝室关系

寝室人际关系是大学生人际交往中的重要组成部分，寝室关系处理得不好，会直接影响大学生正常的生活和学习。导致大学生寝室人际不和谐的主要因素有贫富差距、不同的生活习惯、过分亲密或疏远、嫉妒等不良心理。

二 安全规范

1.寻找适合自己的人际边界，构建安全感

寻找适合自己的人际边界很重要。但这也是一个比较长期、缓慢的过程。这个过程中，需要大学生不断触摸自己的心灵，问问自己到底需要什么样的人际边界；也需要大学生不断调整人际边界以满足现有感受，构建安全感。

2.加强自身修养，掌握沟通技巧

大学生进行交往活动时需要增强人际交往的勇气，了解成功交往的心理品质，如诚实守信、谦虚、谨慎、尊重、理解等，并学会语言艺术的灵活运用，如正确表达、有效倾听、巧用幽默话语等。

3.警惕“首因效应”与“光环效应”

（1）首因效应：是人与人第一次交往中给他人留下的印象，在对方的头脑中形成并占据着主导地位的效应。大学生要学会利用“第一印象”给别人留下良好的印

象，对别人给自己的“第一印象”要做长远的、动态的观察。

（2）光环效应：比如你对人诚恳，那么即便你能力较差，别人对你也非常信任，因为对方只看见你的诚恳。但光环效应有一个最大弊端，就是以偏概全。大学生要学会利用光环效应推动自己的人际交往，同时也要警惕交往对象给你的光环效应。

4.玩笑有底线

在玩笑刚刚开始的时候，一定要知道自己开玩笑、承受玩笑的底线，尊重自己也尊重别人，学会适可而止。

5.拓宽人际交往面，获取更多资源

积极主动拓宽人际交往面，可以从更多资源中获取所需。每个人都需要构建属于自己的社会支持网络，作为大学生，构建社会支持网络的过程也是自我成长的过程。

三 处理方法

当大学生陷入人际纠纷时，或者因人际纠纷耗费了自身太多精力时，一定要积极求助。可求助于你信得过的、安全的对象，如好朋友、父母、老师，或专业心理咨询机构。如果你通过付出构建了社会支持网络，在你积极求助的时候，则彰显了社会支持网络对你的真实支持，感受到给你支持的人所具有的价值。因此要主动寻求帮助，不要担心给别人添了麻烦。

第二节　滋扰与侵害的防范

一 安全隐患

1.校园滋扰

滋扰是指外部人员无视国家法律和社会公德而寻衅滋事、结伙斗殴、扰乱社会秩序等行为。其中，校园滋扰主要是对校园秩序的破坏扰乱，对大学生无端挑衅、侵犯乃至伤害的行为。

2.性骚扰

性骚扰是指违背当事人的意愿，采用包括动作和言语在内的种种与性有关的

挑逗、侵犯和侮辱等方式,造成对方(多数是女性,也有男性)生理、心理损害或精神紧张的行为。

3.性侵害

大学生性侵害是指以女大学生为目标,以暴力、胁迫或其他手段,违背其意志,占有或玩弄女性的行为。对女大学生的性侵害,不仅使被害人的身心受到创伤,而且还会使被害人的人格尊严受到污辱,从而导致女大学生精神崩溃,甚至导致自残、自杀等严重后果。

二 自护方法

1.关于校园滋扰

(1)大学生人际交往过程中,要牢记敏锐观察人性,隐秘信息不随便外露。自己的手机号、QQ号等信息只告诉安全的交往对象。

(2)提高警惕,做好准备,正确看待,慎重处置。

(3)注意策略,讲究效果,避免纠缠,防止事态扩大。

(4)充分依靠组织和集体的力量,积极干预和制止违法犯罪行为。

(5)自觉运用法律武器保护他人和自己。

2.关于性骚扰

(1)冷静镇定,第一次遭到性骚扰时要坚决拒绝,让对方知道你的底线。面对性骚扰,大学生不应沉默,因为沉默使自己显得更加软弱,使性骚扰者更加有恃无恐。

(2)做好自我保护,衣着不要过于暴露,言行不要过于"随便"。

(3)一旦被性骚扰,向你信任的人倾诉,获得最大的支持。

(4)寻求专业人士协助,做好证据的搜集工作。

3.关于性侵害

(1)加强自我防范意识,增强法律观念,做到知法、用法。

(2)不要轻易相信新结识的朋友,更不要单独跟随新认识的人去陌生、偏僻的地方。

(3)住宿、出行尽量结伴,时间、场所要正确选择,特别是约会要选择安全的环境。

(4)正确把握与异性交往的尺度,不要接受超过一般的馈赠,对过分的举动要明确表明自己的反对态度,与异性相处避免过于暧昧。

(5)夜间行走要保持警惕。要走灯光明亮、往来行人较多的大道。对于路边黑暗处要有戒备,最好结伴而行,避免单独行走。如果走校外陌生道路,要选择有路灯和行人较多的路线。

(6) 不要穿过分暴露的衣衫和裙子，防止产生性诱惑。短裙要过膝，上衣要包肩、不低胸、不露腰。

三 自救方法

(1)要清楚地明白，遇到滋扰或侵害，首要的是保证生命安全。

(2)要保持清醒的头脑，保持镇静，临危不惧。大义凛然、临危不乱的态度可以对罪犯起到震慑作用，使害人者在心理上感到胆怯，进而战胜他。

(3)自觉运用法律武器保护自己，可向公安机关报案。

(4)寻求适当机会和方式逃脱。

(5)采取积极的防卫措施，利用身边的器物或日常生活用具防卫。

(6)遭遇陌生人侵害时，要尽量记住犯罪分子的外貌特征，如面貌、体型、语言、服饰以及特殊标记等；要及时向公安机关报告，尽量提供证据和线索，协助保卫、公安部门侦查破案。保护好现场及物证，及时报案。

第三节　恋爱安全

一 恋爱问题

1.初次表白

对于大部分情窦初开的大学生来说，首次表白是极需要勇气的，如果遭到拒绝，自尊心会遭到严酷的打击，造成心理阴影，个别人甚至会产生报复或者自暴自弃的想法。

2.暧昧关系

一些心怀不良的大学生，喜欢用暧昧的关系网罗异性朋友，只是抱着玩弄或欺骗的态度，占对方的便宜，这种行为和想法是遭人摒弃的。

3.单相思

很多陷入单相思的大学生在不知不觉中陷入了可望而不可即的痛苦，觉得自己无所依而风雨飘摇，处于空虚、烦恼，甚至绝望之中，对学习、生活都失去兴趣。

二 处理方法

1.慎重对待表白

表白的方式可以浪漫、可以明朗、可以含蓄，给双方决定的空间，不至于陷双方于尴尬境地。无论表白后结果是否如愿，都要认认真真地对待自己，正常地规划好自己的现在、未来，尤其是当前的大学生活。

2.坚决杜绝暧昧

当大学生渐渐意识到自己正要滑入暧昧的状态时，首先要问问自己的心理素质如何；问问自己是否能够承受暧昧即将带来的情绪上的跌宕起伏、感情上的花明柳暗。其次是充分地了解对方，知道对方在与自己的暧昧关系中，到底是怎样的心态，想得到什么样的满足。明白自己也很重要，如果对方只是想要这种暧昧的感觉，那要提醒自己，及时清醒、理智地表达拒绝的意愿，保护自己的尊严。

3.正确处理单相思

当意识到单相思已影响到自己正常的学习和生活时，要设法让自己尽早摆脱这种情绪困扰。可以给自己设置一个解决期限。要给自己多一点勇气，走近那个人，向他/她表白自己内心的感受，寻求确定的答案。要做好被拒绝的准备，这样才会减少回绝带来的打击。

4.正确对待"争吵"

首先，对"争吵"要有心理准备，所有的恋爱都会含有两个人争吵的内容。其次，提升对恋爱中"争吵"的接纳度。相互沟通，及时认清矛盾症结所在，避免下次同样的争吵。最后，要避免在每次争吵到痛苦的极致时说出分手。

5.正确处理分手，理智对待失恋

大学生要正确面对失恋，首先要告诉自己正在面临人生中的一次重大挫折。尤其是对于男大学生，不要否认、压抑自己的情绪，更不要想着能在较短时间内尽快遗忘。一定要寻找合理宣泄情绪的方法和排解措施，不应有过激的想法和行为。

如果发现制止不了对方的纠缠，或者认为对方可能采取报复行为等，要及时向老师和领导汇报，依靠组织妥善处理，防止发生意外事件。

第六章　财产安全

第一节　预防盗窃

一　安全隐患

1.公共场所物品监管不严，脱离视线遭盗窃

在图书馆、阅览室、教室、实验室等公共场所，有的同学习惯将财物放在书包里，并将书包直接搁在书桌上或储物柜里，然后去吃饭、喝水、上厕所，小偷便在这个时候下手。

2.宿舍门锁不牢，盗贼乘虚而入

由于多人共住一室，同学之间往往有相互留门的习惯和误以为其他同学已将门锁好的想法，于是无意间造成室内无人而房门不锁的现象，还有的同学认为去水房仅几分钟不会发生问题而不锁门，这些都给小偷留下了作案的机会。

3.校外出行危险多，谨防扒窃莫放松

（1）在站台候车时数钱。

（2）拥挤上下车。

（3）贵重物品外露。

（4）将包置于身后。

二　安全规范

1.妥善保管好现金、存折、汇款单等

现金最好的保管办法是存入银行，尤其是数额较大的要及时存入，绝不能怕麻烦。

2.保管好自己的贵重物品

贵重物品不用时，不要随便放在桌子上、床上，谨防顺手牵羊、溜门盗窃或窗外钓鱼，要放在抽屉、柜子里，并且锁好。公共场所学习或活动时，不要随身携带现金

和贵重物品。

3.养成随手关窗锁门的好习惯

进行上课、出操、锻炼身体等活动，需要外出离开宿舍时，要关好窗、锁好门。一个人在宿舍时，即便上厕所、上水房洗衣服，几分钟、十几分钟的时间即可回来，也要锁好门，防止被犯罪分子溜门盗窃。

4.出行时的防盗提示

无论在公交车上还是在火车站台，都要事先准备好零钱。无论上车还是下车，都不要清点钱物。如必须清点，上车前到隐蔽处清点完毕后再坐车。上下车时不要争抢。将挎包、背包放在自己的视线范围之内、手能保护的地方。

三 急救措施

1.立即报警

如果是在校内应立即向保卫处报案；在校外，应立即拨打“110”报警，或向当地派出所报案。

2.保护现场

有被盗现场的（如宿舍等），应在报案的同时保护好现场。切忌发现被盗后，因急于清点自己的东西，而立即翻动箱子、柜子、抽屉等破坏现场。

3.挂失保全

如果存折、银行卡、汇款单被盗，应立即带身份证到银行、邮局挂失，保全财产，防止损失扩大。

4.提供线索配合破案

实事求是地向公安机关提供被盗的相关情况，尽量提供线索，协助公安机关破案。

第二节　预防抢劫

一　安全隐患

1.易遭抢劫的对象

携物单个返校的学生；单独外出晚归的学生；独自游离在校园或者校外，如网吧、娱乐场所等的学生；在学校周边租房居住或者外出打工具有一定活动规律的人员；女生、个别性格懦弱的男生易遭抢劫；恋爱中的男女生防范意识低，也易成为被抢劫的对象。

2.易发生抢劫的时间、地点

抢劫案件多数发生在夜晚和凌晨，这是因为在此时路上行人稀少，光线昏暗，联防能力大大减弱。抢劫发生的地点一般集中在较偏僻、光线较暗、人烟稀少的区域。但现在抢劫案发生在白天，甚至在闹市区亦多见，这就提醒大学生们在逛街、出门办事的时候要留意身边可疑人员，保护好贵重物品。

3.大学生易遭遇到的抢劫手段

(1)拦路抢劫。

(2)“飞车”抢劫。

二　安全规范

(1)要有遭遇抢劫、抢夺的心理准备，防患于未然。

(2)散步、游玩活动时，不要随身携带现金和贵重物品。如果购物携带现金，最好是结伴前往。

(3)外出或活动时最好结伴而行，如果独自外出或活动，最好是避开人员稀少、偏僻、视线不良、遭劫无援的时间和地点。

(4)如果携带较多现金和贵重物品归校时，尽量避开偏僻、人少的路径和时间，如果乘车，最好乘公交车，不要搭乘摩的。

(5)如果独立在外租房或者打工，要警惕不法分子通过掌握个人的生活规律实施有预谋的侵害。

三 自救方法

(1)在有人时大声呼救，或者呼唤同学名字，让不法分子感到害怕。

(2)制伏不法分子，保住财物不受损失。只要条件许可，周围环境有利，存在制胜的可能，就要坚决勇敢地进攻，尽最大努力制伏不法分子。

(3)设法脱逃，使自己免遭侵害。当自己无法制服不法分子时，能脱逃的要迅速跑掉，暂无法脱逃的，要利用身边的有利地形和能够利用的东西与其抗衡，大声呼救，在抗衡、对峙、周旋过程中，等待外援，寻机脱身，同时留意案犯的特征。

(4)以柔克刚保护自己。既然无能力反抗，暂时无法脱身时，就不要蛮干，以卵击石。可按不法分子的要求交出部分财物，同时以恰当的话语使不法分子心理满足，尽量麻痹松懈其心理，寻机逃脱。还可根据不法分子的心理，理直气壮地攻心和说服，从心理上予以震慑，使其得到部分财物后，终止继续作案。

(5)尽可能多掌握不法分子的特征，如身高、年龄、体态、发型、语言口音、衣着等。及时报案，使不法分子尽早得到严惩。

第三节 预防诈骗

一 安全隐患

1.大学生易受骗心理

(1)大学生涉世未深，缺乏社会经验，防范意识不强，容易轻信他人。

(2)有些大学生抱着“多个朋友多条路”的心态，不加选择地乱交朋友，以扩大自己的交际面，甚至为显示自己所谓的“义气”随意答应别人的要求。

(3)有些大学生爱慕虚荣，贪图小便宜，急功近利，渴望一步到位的成功。

2.行骗人常用伎俩

(1)假冒身份，流窜作案。诈骗作案分子行骗时都会伪装自己的身份，常常假冒老乡、同学、亲戚等关系或其他身份，或利用假身份证、假名片，骗取学生信任而作案。

(2)投其所好，引诱上钩。诈骗作案分子行骗时往往先是套话，利用学生急于就业或出国等心理，应其所急，施展诡计而骗取财物。

（3）真实身份，虚假合同。诈骗作案分子利用高校学生经验少，急于赚钱补贴生活的心理，常以公司的身份让学生为其推销产品，事后却不兑现酬金而使学生上当受骗。

（4）借贷为名，骗钱为实。诈骗作案分子利用人们贪图便宜的心理，以高利集资为诱饵，使部分教师和学生上当。

（5）以次充好，连骗带盗。诈骗作案分子利用学生“识货”经验少又图便宜的特点，上门推销各种产品行骗，一旦发现室内无人，就顺手牵羊，溜之大吉。

（6）招聘为名，设置骗局。诈骗作案分子利用学生勤工助学的需求设置骗局，骗取介绍费、押金、报名费等，或是利用大众传播工具等到处作虚假广告，骗取培训费、学杂费等，然后又以各种理由拒绝退款。

（7）骗取信任，寻机作案。诈骗作案分子利用一切机会与大学生拉关系、套近乎，或表现出相见恨晚之感故作热情，或表现出大方慷慨以朋友相称，骗取信任，了解情况，寻机作案。

（8）骗入传销团伙。

二 安全规范

1.要树立防范意识

一是要有“害人之心不可有，防人之心不可无”的戒备心理。二是遇事多问几个“为什么”，不盲目轻信。

2.交友要有原则

交朋友就必须择其善而从之。要广泛结交那些志同道合、道德高尚的人，切忌感情用事，哥们儿义气，结交那些低级下流之辈，偷鸡摸狗之流等。

3.不占便宜，不贪小利

诈骗分子施骗惯用的伎俩就是投其所好，以利诱之。只要大学生树立正确的人生观、价值观，不贪占不义之财，保持洁身自好，骗子就无机可乘。

4.提高防骗意识

首先要在思想上充分认识诈骗行为模式，增强辨别是非的能力；其次要树立正确的致富观，消除快速成功的心理；最后要增强法制观念，从根本上增强抵制参与非法传销的自觉性。

5.做好对个人隐私的保护

大学生在寻找兼职或找工作的时候都会被要求填写或制作一份简历，这时候大学生最好将商务信息和个人隐私分开，明确哪些是该写的，哪些是应该保密的。

三 应对措施

1.平静心态，及时报案

受害人无论是否因为自己的过错（如贪财、无知、轻信、粗心大意）而受骗，都要保持积极的心态，从受骗的噩梦中回到现实，吸取教训，及时向有关部门报告，切勿“哑巴吃黄连，有苦肚里咽”。

2.提供线索，配合调查

已经被骗并向有关部门报告的，要注意对作案人员遗留下来的文字资料、身份证件、电话号码等证据予以保留，并积极向学校保卫处和公安机关提供诈骗嫌疑人的体貌特征、与其交往的经过等线索，配合调查，追缴被骗的财物。

第七章 网络安全

第一节 网络信息安全

一 安全隐患

1.本地计算机信息安全

常见的本地计算机信息泄密主要有以下方式：计算机感染木马病毒；共享文件及文件夹；电脑被他人使用或者拿出去维修。

2.网络注册信息

一般情况下，除非是银行、三大电信服务商、自己明确知道的有信用的组织外，尽量不要以真实的信息去注册，也不要用重要的信息，如身份证号码、家庭具体住址等去“完善”个人资料。

3.聊天工具透露的信息

不管使用哪种聊天工具，是在电脑上还是在手机上聊天，也不管聊天对象是谁，都不要轻易透露自己的重要信息。

4.黑客攻击

一台联网的电脑，如果没有进行杀毒、硬盘整理、文件搜索、文件复制、大型游戏等磁盘操作，而硬盘狂转，硬盘指示灯闪个不停，你就要小心是不是被黑客入侵了。

5.使用公共计算机

使用公共计算机如学校的公共机房、电子阅览室、网吧电脑等上网，或者编辑文档的时候，你的信息残留在公共计算机上，可造成信息外泄。

二 预防措施

(1)了解网络信息安全泄密渠道。

(2)安装必要的补丁程序。

（3）安装防火墙和杀毒软件。

（4）网银、支付宝等必须安装安全控件。

（5）使用复杂密码，并经常变换密码。

（6）不启用Guest来宾账户。

（7）不随意使用未经安全认证的软件记录自己的信息。

（8）安全使用公共计算机。

（9）备份你的重要信息。

（10）电脑维修要注意。

三 应对措施

1.被感染木马病毒后的紧急措施

所有的账号和密码都要马上更改；删掉所有你硬盘上原来没有的东西；检查硬盘上是否有病毒存在。

2.重要信息被盗后的处理

保留聊天记录等原始资料；如果是银行卡等信息被盗，立即到相关银行柜台办理密码重置手续，并重新设定新的查询密码、交易密码；如果支付宝信息被盗，立即更改支付宝相关信息；如果银行卡被盗刷，支付宝被盗用，拨打110报案；如果个人信息被盗并被用来做了不法事情，请拨打110报案，提供相关原始资料，配合公安机关的工作。

3.信息存储介质损坏或计算机系统崩溃的处理

如果你的信息存储介质损坏导致信息损失，需要找专业的数据恢复公司进行处理。如果C盘存有重要信息的计算机系统崩溃，需要重新安装操作系统，要先用其他方法启动计算机，把C盘资料导出来或者用Ghost制作C盘的映像文件。如果你不会操作，要告知技术人员对C盘资料进行导出或备份处理。

第二节　网络交友安全

一 安全隐患

1.传播和接受不实消息、不雅信息

网络交友一开始都是从海阔天空开始的。由于彼此都藏匿在对方看不到的地方，聊天的内容一般也没有什么规矩。聊天的主题大多是花边新闻等。传播不实、不雅信息，可能会对别人造成伤害，也可能对自己产生安全问题，甚至不经意间触及法律。

2.违法行为、网络传销

网络交友到一定程度，还可能帮网友做一些事情。要分辨所做的事情是否违反法律、法规，是否侵犯他人合法权益。

3.网友见面

网络交友到了解彼此有共同语言和爱好的程度，往往双方就可能会考虑见面的问题。网友见面需要慎重。网友见面可能存在以下几方面隐患：被迫消费（如你被约到一个网友做托的消费场所，不得已被迫消费），被抢劫，被性侵，生命安全受到威胁。

二 安全规范

1.增强法律意识，遵守法律、法规

网络交友和正常交友一样，只不过借助于网络这个交流工具。所以，交友过程中但凡触犯法律法规，同样会受到法律制裁。虽然网络是虚拟的，但是上网所用IP地址却是真实的。对于网络犯罪，公安机关同样可以将嫌疑人缉拿归案。

2.网友见面要审慎

在决定是否与网友见面时应采取审慎态度。如果决定见面，要做好相应的准备工作。

（1）出发前，把见网友的事情告诉父母、老师或者同学。包括见什么样的人、到哪里见面、什么时间见面、和什么人一同前往、见面目的等。

(2)要有自己信任的同学或朋友陪伴,尽量不要一个人赴约。

(3) 约会的地点尽量协商选择在公共场所等人员较多的地方。如果对方执意要到某个场所,最好是拒绝见面。

(4)尽量选择在白天,不要选择偏僻、隐蔽的场所。

(5)见面前要充好手机电池,过程中坚决不能把手机“借给”对方使用。

(6)在不能确认饮食安全的情况下,不吃对方给的食物,不喝对方给的饮料。

(7)见面回来的时候,要和你告知过的人通告一声,免得他们为你担心。

(8)即使是多次见面的网友,也要提高警惕。遵循前面 7 条建议。

三 应急措施

1.遭遇网络侵权

如果你的网络合法权益遭受侵害,你可以在保存相关证据后,要求该网络版权所有人删除侵权内容。如果网络版权所有人执意实施其侵权行为,你可以向网站所在地人民法院提起诉讼。

2.会见网友

会见网友的过程中可能会发生许多意想不到的事情。如果发生安全问题,首先要保全的是生命,其次是健康和清白,最后才是财产,切不可因小失大。

第三节 网络财产安全

一 安全隐患

1.虚拟财产被盗

大学生接触网络较多,尤其要注意虚拟财产的防盗。

2.网络支付遭遇“李鬼”,银行卡、支付宝信息被盗

一些网络消费者会一不小心进入钓鱼网站,在其界面上交易,致使网银信息或支付宝信息被盗。不法分子通过盗取的网银或支付宝信息进行消费,造成“他购物,你埋单”的现象。

3.网络购物遭遇欺诈

在网络购物时,常遭遇到的卖家欺诈行为有:物品不符、以次充好、价高质次等。

4.虚假网络信息

由于个人在登记注册网络信息时，往往会留下真实的联系方式，而这些信息往往会被不法分子盗取，他们会通过往手机、邮箱上发中奖信息等方式诱骗人们上当，干扰正常生活。

二 安全规范

1.避免进入钓鱼网站

“钓鱼网站”是不法分子利用各种手段，仿冒真实网站的URL地址以及页面内容，或者利用真实网站服务器程序上的漏洞在站点的某些网页中插入危险的HTML代码，以此来骗取用户银行或信用卡账号、密码等私人资料。

进入真实银行网站的交易或账户查询网页，IE地址栏要有挂锁标志。最好通过直接输入的方式进入网站，而不要通过QQ、MSN、阿里旺旺等聊天工具，搜索引擎，中小网站广告，E-mail，恶意导航网站，恶意下载网站等方式进入银行网站。

2.避免网络购物欺诈

购物时不能抱着贪图便宜的心理；购买大品牌商品不能冲动，要查看卖家的商品授权书，如果不能确认商品是否获授权时，应先看其他买家的评价；买商品时一定要看清卖家的描述；不要私下交易；一定要使用第三方担保，不要直接汇款到银行账户。

3.警惕即时聊天工具上借钱

如果出现网上借钱的情况，或者对方让你给他电话充值，一定多渠道对对方信息真伪进行核实，做到万无一失。特别要注意的是，视频聊天也会存在许多欺诈，不要轻易认为视频一定是真的。

4.当心中奖信息

收到中奖信息后，首先要回忆自己是否参加了与中奖相关的合法的活动。如果没有参加过，多半是骗钱的。如果确实参加过相关活动，向活动的主办方咨询一下有关情况。但是，如果让你先行给他们汇款，用以支付税金、邮寄费用等，这就有诈骗的嫌疑。

5.积极求助于法律维护自己正当权益

《网络游戏管理暂行办法》已经于 2010 年 3 月 17 日经文化部部务会议审议通过并发布，自 2010 年 8 月 1 日起施行。大学生可通过了解相关法律法规，为自身在实践中遇到的法律问题诉求正当权益。

三 应急措施

(1)虚拟资产被盗，大多是自己的信息被盗造成的。你可以通过相关网站投诉，拿起相关法律武器维护权益。

(2) 遭受网络购物欺诈，你可以向卖家所在工商部门投诉举报 (拨打卖家当地12315 工商投诉举报电话)；遇到产品质量问题，你可以向卖家所在质监部门投诉举报(拨打卖家当地 12365 产品质量投诉举报电话)。

(3)遇到即时聊天工具上好友借钱，要通过多渠道进行验证，看看“朋友”是不是真的，比如让对方打你的手机，问一些你周围最近发生了什么事情，或者你问问朋友及其亲属是不是真的需要帮助，等等。

(4)误信中奖信息，给对方汇款发现上当后，要立即停止下一步的汇款，并立刻向 110 报警。

第八章 灾害安全

第一节 气象灾害

一 安全隐患

1.雷电天气

雷电是大气中的放电现象。校园的高层建筑、旗杆、大树等是雷电易袭击的对象。

2.高温天气

日最高气温达35℃以上的天气现象称为高温;达到或超过37℃时称酷暑。学校是人员高度密集的场所,中暑现象在学校极易发生。

3.冰雪天气

又称永冻气候,是下垫面长期冻结并为冰雪所覆盖的气候类型。冰雪天气极易造成交通瘫痪,人们出行不便,交通事故和摔伤事故频发,学生也极易发生摔伤。

二 预防措施

1.对雷电的防范

在野外遇到雷电天气,尽量不要在雷雨中行走,避雨时不要躲进孤陋的小屋里或躲到树下、电线杆、高压线旁。遇到雷雨天气,不宜站在高坡上,不宜在湖中划船或游泳,不宜在旷野打带有金属尖顶的伞或扛有金属制品,不要停留在屋(楼)顶上。遇到雷电天气,学生在室内要学会自我保护:关闭收音机、电视机、计算机等电器设备;不要靠近水管、暖气片、避雷针引下线等建筑物内的裸露金属物;不要用手机通话,不使用MP4等多媒体设备;关闭门窗,防止球形雷窜入室内造成危害。

2.对高温的防范

在高温天气情况下,学生尽量避免参加户外或室内大型群体性密集集会。

(1)学生尽量留在室内;必须外出时要打遮阳伞、穿浅色衣服、戴宽檐帽。

（2）室内空调温度不要过低；空调无法使用时，选择其他降温方法，比如向地面洒水降温等。

（3）预防中暑，准备防暑降温的常用药品（如清凉油、十滴水、人丹等）。

（4）注意作息时间，保证睡眠；暂停消耗体力大的活动。

3.对冰雪天气的防范

（1）注意收听天气预报，大雪过后地面温度低于 0℃，路面常出现积雪或结冰现象，尽量减少外出活动。

（2）学生要按照学校有关部门的安排做好融雪、道路积雪清扫工作。

（3）在校园内打雪仗要适度，避免发生意外。

（4）冰雪天气中道路光滑，学生尽量避免骑自行车。

（5）学生外出一定要在人行道上行走，穿防滑鞋。在校园里学生步行应选择在没有冰面的地方行走，另外彩色砖加雪的路面更滑，应尽量避开。

（6）做好防寒准备，包括室内取暖设备及衣物。

三 救护措施

1.雷电天气的救护措施

如果雷电时发现有人突然倒下，口唇青紫，叹息样呼吸或不喘气，大声呼唤其无反应，表明伤者意识丧失、呼吸心跳骤停。这时应立即对其进行现场心肺复苏。

2.高温天气的救护措施

中暑大多有头痛、头晕、胸闷、恶心、心慌、口渴、多汗、乏力等症状，严重时体温升高，血压下降，脉快而细，甚至出现昏迷或抽筋等症状。可将中暑者搀扶于阴凉处或通风较好的地方(图 8-1)，为其扇扇子，同时解开其衣领、腰带，脱去外衣，用温水擦头颈部及四肢。清醒者可饮一些淡盐水或淡茶水。观察中暑者的呼吸、脉搏，必要时速送医院。

图 8-1　将中暑者扶到阴凉处

3.低温天气的救护措施

冬季由于气温较低，人的反应能力有所下降，外出活动时，一是要做好充分的准备，二是活动中要注意适度，三是过于危险的活动要尽量少做。如果发生摔伤，也不要过于惊慌，救护措施可以参见第十章第三节。

第二节　地质灾害

一　灾害类型

1.地震

地震（图 8-2）是地球内部发生急剧破裂产生的震波，在一定范围内引起地面振动的现象。地震发生的前兆是：沟内有轰鸣声，主河流水上涨和正常流水突然中断。动植物异常，如猪、狗、牛、羊、鸡惊恐不安，不入睡，老鼠乱窜，植物形态发生变化，树木枯萎或歪斜等现象。

2.泥石流

泥石流是山区特有的一种现象。它是由于降水而形成的一种带大量泥沙、石块等固体物质的特殊洪流。

3.地面塌陷

地面塌陷是指地表岩、土体在自然或人为因素作用下向下陷落，并在地面形成塌陷坑的现象。

图 8-2　地震

二　应对措施

一般来讲，地质灾害对校园安全的威胁主要表现在地震灾害上，而泥石流、山洪、崩塌等是对学生在野外山区旅游时的主要威胁，所以本节主要介绍校园地震安全防范，其他地质灾害的防范将在下一节的野外活动安全中说明。

地震发生时的主要应对措施：

（1）学生平时要认真参加学校组织的抗震逃生演练，熟悉校园安全逃生路线。地震发生时，学生如在操场或室外，可原地蹲下，双手保护头部，但要注意避开高大建筑物或危险物。

（2）在教室内，应当立即有组织地撤离。如果感觉晃动很轻，说明震源比较远，只需躲在坚实的课桌旁就可以(图 8-3)。大地震从开始到振动过程结束,时间不过十几秒到几十秒,因此抓紧时间进行避震最为关键。如感觉震动严重,要迅速撤离。撤离时要避开高大建筑物,特别是有玻璃幕墙的高层建筑、高烟囱等;避开危险物如变压器、电线杆、路灯、广告牌等。

图 8-3 躲在课桌旁

(3)来不及撤离时,要选择合适的空间躲避地震(图 8-4)。室内较安全的避震空间有:承重墙墙根、墙角(图 8-5);有水管和暖气管道等处。屋内最不利避震的场所是:吊顶、吊灯下;周围无支撑的地板上;玻璃(包括镜子)和大窗户旁。

图 8-4 躲避地震

图 8-5 躲在内墙角处

(4)地震来临时不要盲目跳楼,也不要站在窗前,更不要到阳台上去。

(5)从高层楼内逃生时不准乘坐电梯。

(6)地震常引起许多“次生灾害”,绝对不可以使用打火机或蜡烛,因为地震发生时空气中可能含有易燃易爆气体。

第三节 野外活动安全

一 安全隐患

(1)贸然探险,攀登失足。

(2)山路拥挤引发安全事故。

(3)林中迷路。

(4)溺水伤亡。

(5)突发自然灾害。

(6)不了解异乡人情惹纠纷。

二 预防措施

1.制订野外旅游计划,做好行前准备

即事先要制订时间、路线等具体计划,带好有关地图及必需的行装(衣衫、卫生用品等)。

2.回避危险地带

注意了解旅游目的地发生地质灾害的可能性,尽可能回避自然灾害频发的地点。在野外旅游时,应尽量避开山脚、陡崖,以防滚石和滑坡。

3.在登山中要注意安全

登山要穿防滑鞋及紧口衣裤。带上绳子、指南针、手电筒和拐杖,以备使用。不能走危险的路,防止滑跌滚落。遇到看不清路面的地方,可用拐杖、树枝或木棍探路。登山或进山要防止迷路,手中没有指南针时要沿途做好记号,以便返回时识别。

4.尊重当地的习俗

俗话说:"入乡随俗。"在进入少数民族聚居区旅游时,要尊重他们的传统习俗和生活中的禁忌,以防因忽视礼俗而引发冲突。

三 救护措施

1.迷路时

在深山密林中行走迷路时,切勿惊慌失措,而是要立即停下来,冷静地回忆一

下所走过的道路，想办法按一切可能利用的标志重新确定方向，然后再寻找道路。最可靠的方法是“迷途知返”，退回到原出发地。

在山地迷失方向后，应先登高远望，判断应该向什么方向走。通常应朝地势低的方向走，这样容易碰到水源，因为道路、居民点常常是滨水临河而筑的，顺河而行最为保险，在森林中行走尤其要注意这一点。

如果遇到岔路口，道路多而令人无所适从时，首先明确要去的方向，然后选择正确的道路。若几条道路的方向大致相同，无法判定，则应先走中间那条路，这样，即便走错了路，也不会偏差太远。

2.遇山洪、泥石流等灾害时

如果在山涧行走遇到洪水暴涨，可以向高处找路返回，困在山中时，要选一高处平地或高处的山洞，在离洪道远的地方休息求救。被洪水冲走时，要想办法让自己浮在水面上，保持浮姿，任水冲流，并注意水波流向，再一点一点由水平方向往岸边移动。躲避泥石流不应顺沟向下跑，应向沟岸两侧跑。

3.求救信号

在自救的基础上，有时依靠自己的力量实在无法摆脱困境，或因伤势太重不能活动时，只能耐心等待救援。在等待救援时要注意保持体力、坚定信念，关键还要及时发出求救信号。可以利用携带的通信工具，如电筒、打火机的光线，也可以利用石头敲击发出声音，挥动色彩鲜艳的衣物，燃放三堆烟火，摆地对空信号等办法与外界联系。

第九章　公共安全

第一节　大型群体性活动安全

一 安全隐患

空间有限而人群又相对集中的场所，例如球场、礼堂、商场、狭窄的室内通道或楼梯、影院、图书馆、桥梁、超载的车辆、航行的船等都隐藏着拥挤踩踏的危险。大型娱乐活动、体育赛事等活动中，人群的情绪如果受到刺激变得过于激动，置身其中的人就有可能受到伤害。在学校内部举办的文艺演出、大型讲座、体育比赛、展览展销、电影放映、文化沙龙等群体性活动也都存在拥挤踩踏的隐患。

二 安全规范

(1)进入公共场所要养成首先了解疏散通道的习惯。

(2)出入场地时一定要按照现场组织者的要求有序出入，不争不抢。

(3)举止文明，人多的时候不拥挤、不起哄、不制造紧张或恐慌气氛。

(4)发现不文明的行为要敢于劝阻和制止，但要注意方式方法，不可激化矛盾。

(5)在人群中走动，遇到台阶或楼梯时，尽量抓住扶手，防止摔倒。

(6)在人流中时，应顺着人流走，切不可逆着人流前进，否则，很容易被人流推倒。

(7)遇突发事件时，一定要镇定，要听从现场工作人员的指挥，快速有序地撤离现场。

(8)克服好奇心理，尽量避免到拥挤的人群中。在人流中时，尽量走在边缘。

三 应对方法

1.在拥挤人群中的自我保护动作

(1)在拥挤的人群中，左手握拳，右手握住左手手腕，双肘撑开平放胸前，以形成一定空间保证呼吸(图 9-1)。

（2）在拥挤的人群中，要时刻保持警惕，当发现有人情绪不对，或人群开始骚动时，就要做好准备保护自己和他人。

（3）脚下要敏感，千万不能被绊倒，避免自己成为拥挤踩踏事件的诱发因素。

（4）当发现自己前面有人突然摔倒了，马上要停下脚步，同时大声呼救，告知后面的人不要向前靠近。

（5）若被推倒，要设法靠近墙壁。面向墙壁，身体蜷成球状，双手在颈后紧扣，以保护身体最脆弱的部位（图 9-2）。

图 9-1　在人群中拥着前进时的姿势

图 9-2　被挤倒后使身体缩成一球状

2.拥挤踩踏发生时的有效逃生办法

（1）遇到人群时选择到人群边缘。

（2）两手十指交叉相扣，护住后脑和颈部；两肘向前，护住太阳穴。不慎倒地时，双膝尽量前屈，护住胸腔和腹腔的重要脏器，侧躺在地。

第二节　国家安全与保密

一　安全隐患

（1）境内外敌对势力宣扬西方的价值观念，动摇学生对社会主义的信念，对青年学生极力进行西化、分化和弱化，利用各种文化活动和学术交流拉拢高校学生，对其进行思想文化渗透，培植亲西方势力。

（2）隐蔽的间谍情报人员对学校学生进行煽动、窃密、策反等危害国家安全的活动。

（3）境外敌对势力将宗教渗透活动的黑手伸进了我国高校。

（4）学生对外交往中保密观念不强。

(5)学生帮助境外人员利用学术交流、讲课的机会进行系统的社会调查,或替他们写社会调查方面的文章,随意为境外人员提供或代购内部读物和资料。

二 安全规范

1.知道危害国家安全的行为

(1)阴谋颠覆政府,分裂国家,推翻社会主义制度的行为。

(2)参加间谍组织或接受间谍组织或代理人的任务的行为。

(3)窃取、刺探、收买、非法提供国家机密的行为。

(4)策动、勾引、收买国家工作人员叛变的行为。

(5)进行危害国家安全的其他破坏活动的行为。

2.了解国家秘密内容

国家秘密是关系国家的安全和利益,依照法定程序确定,在一定时间内只限一定范围的人员知悉的事项。

3.理解党的宗教政策

“任何组织和个人不得在学校进行宗教活动”。要深刻理解党的宗教政策的内涵,处理好“宗教自由”与“依法活动”的关系,明确宗教活动只能在宗教“场所内”进行,不能把学校当成宗教传播和活动的场所。

4.始终树立国家利益高于一切的观念

国家安全是国家、民族生存与发展的首要保障。把国家安全放在高于一切的地位,是国家利益的需要,又是个人安全的需要,也是世界各国的一致要求。在大是大非面前,大学生要始终与党中央保持高度一致,防止被西方反动、分裂势力或他们的代言人所利用。

5.境外人员入校要严格审批

大学生在邀请境外人员到学校作报告、讲学或开展其他交流活动前,一定要按照学校的规定办理报批手续。

6.学生在对外交流中要坚持内外有别的原则

在接触交往过程中,不要随便涉及内部组织、人事、科技成果和社会经济建设中各种未公开的数据资料。

三 应对措施

1.大学生要善于识破各种伪装

在对外交往中,既要热情友好,又要内外有别、不卑不亢;既要珍惜个人友谊,又要牢记国家利益；既可争取各种帮助、资助，又不失国格、人格。识别伪装的关键在于淡泊名利，对别有用心者要依法及时举报，决不准其恣意妄行。

2.发现国家秘密已经或可能泄露时采取的措施

拾获属于国家秘密的文件、资料和其他物品，应当及时送交有关机关、单位或保密工作部门。发现有人买卖属于国家秘密的文件、资料和其他物品，应当及时报告保密工作部门或者公安、国家安全机关。对于他人盗窃、抢夺属于国家秘密的文件、资料和其他物品的行为，要及时制止，并应当立即报告保密工作部门或者公安、国家安全机关。发现泄露或可能泄露国家秘密的线索，应当及时向学校或保密工作部门举报。

第三节　抵制黄赌毒

一 安全隐患

1.淫秽物品

大学生心智还不成熟，对很多东西充满好奇心，易模仿。而淫秽物品中包含的低级下流的色情内容，对大学生身心的腐蚀性很大。有些大学生受其影响，沉迷其中，耽误学业，甚至走上违法犯罪的道路。

2.赌博

目前，大学生涉及的赌博行为，已由以前的聚众赌博演变为利用电子游戏机进行赌博。

赌博的主要危害是荒废学业、破坏同学间的团结、影响正常秩序、诱发犯罪等。同时，赌博也是多种疾病的导火索。

3.毒品

毒品不但伤身，还会致人家破人亡，走上犯罪的道路，给社会带来不安全的隐患。沾上毒品就是一条不归路。

二 安全规范

1.抵制淫秽

大学生要严格遵守校纪校规，养成守法遵纪的自觉性；不涉足淫秽物品。对淫秽音像、书刊，要坚决做到不看、不传播。网上的黄色信息也要拒绝涉足，杜绝卖淫嫖娼。

2.抵制赌博

面对赌博，提高思想意识：充分认识赌博的危害，培养高尚的情操，多参加健康积极的文体活动，充实自己的业余生活；要防微杜渐，分清娱乐和赌博的界限；思想上要警惕，不要因为顾及朋友、同学的情面而参与赌博；遇到他人相邀，要设法推脱；要从根本上关心同学，制止他人参与赌博，必要时向老师或学校有关部门报告。

3.抵制毒品

树立反毒的思想意识。认真接受毒品基本知识和禁毒法律法规教育，了解毒品的危害，懂得“吸毒一口，掉入虎口”的道理。认识毒品危害，做到不吸毒、不贩毒、不沾毒。

树立正确的人生观。不盲目追求享受、寻求刺激、赶时髦。牢记毒品的危害性及毒品犯罪的严重后果。不听信毒品能治病、毒品能解脱烦恼和痛苦、毒品能给人带来快乐等各种花言巧语。

谨慎交友。不交恶友、损友、害友，不结交有吸毒、贩毒行为的人。如发现亲朋好友中有吸毒、贩毒行为的人，一要劝阻，二要远离，三要报告公安机关。

对毒品说“不”，千万别吸第一口。即使自己在不知情的情况下，被引诱、欺骗吸毒一次，也要珍惜自己的生命，不再吸第二次，更不要吸第三次。

三 应对措施

大学生应当充分认识淫秽物品的危害性，自觉抵制淫秽物品的侵蚀。对淫秽物品要坚决做到不看、不传，更不能走私、制作和贩卖，杜绝卖淫嫖娼。树立正确的人生观、价值观，洁身自爱，读好书、结好友，参加有益的健康向上的文体活动。

逢年过节，亲朋好友聚在一起有钱物输赢来往的搓麻将、打扑克等活动，大学生既不要参与，更不要把这种行为带入学校。对一些游戏厅中的赌博机不要去接触。

大学生应当充分认识毒品的危害性，远离毒品，自觉抵制。一旦染上毒品，凭着自身的毅力成功戒毒的没有几人，因此一定要求助于药物治疗，积极寻求亲人、医生和戒毒机构的帮助。

第十章 救护技能

第一节 救护新概念

一 现代救护特点

1.概述

20世纪末21世纪初，随着现代化社会的高速运转、高科技的日新月异，人类危重急症和意外伤害事故的发生呈上升趋势，各种自然灾害和意想不到的突发事件随时在威胁着人们脆弱的生命(图10-1a～d)。在经济发展、城镇社区逐步形成、全

图10-1a 事故现场

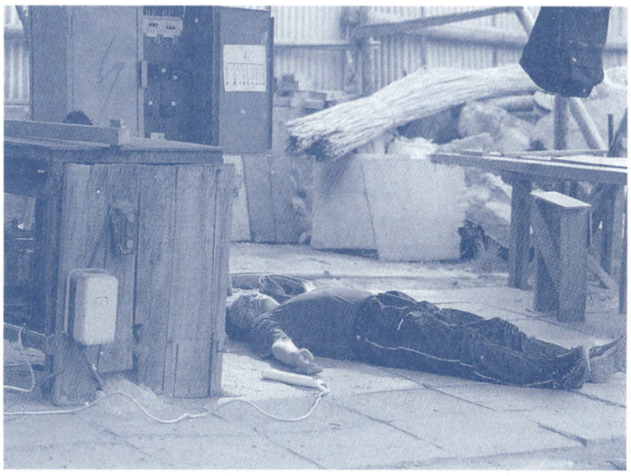

图10-1b 事故现场

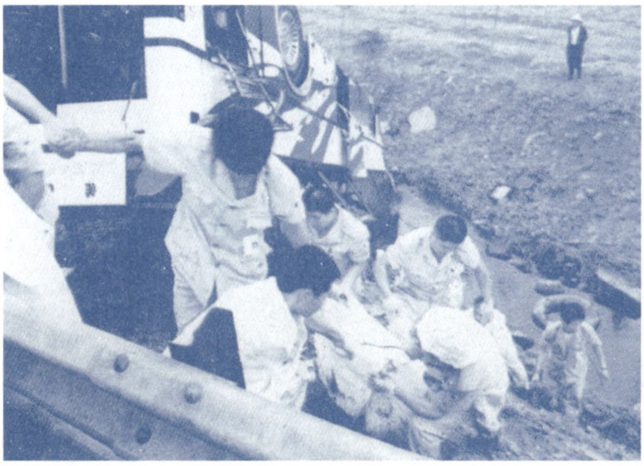

图10-1c 事故现场

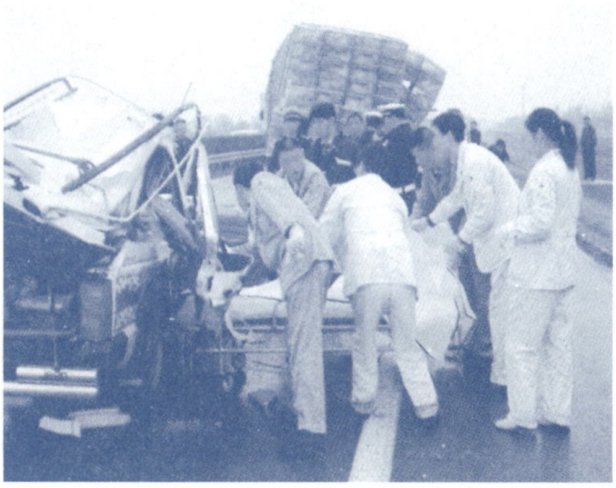

图10-1d 事故现场

面建设小康社会的总态势下，向广大民众普及现代救护技能和突发事件紧急逃生应急处理方法尤为重要。

2.现代救护特点

现代救护立足于现场的抢救。在医院外的环境下，“第一反应者”(第一目击者)应对伤病员实施有效的初步紧急救护措施以挽救生命，减轻伤残和痛苦。在紧急情况下要求救护员通过实地感受、眼睛观察、耳朵听声、鼻子闻味等方法来对异常情况做出判断(图 10-2)，排除一切可能出现的危险，确保救护员、伤病员及现场其他人员的安全。

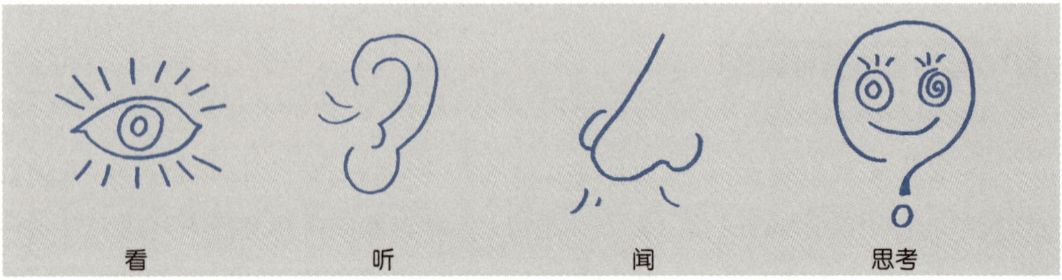

图 10-2 现场评估

救护员在实施救护的全过程中，应该尽量采用个人防护用品以阻止病原菌进入身体。如戴上医用手套，人工呼吸时采用呼吸膜或呼吸面罩，特殊情况下还应戴上眼罩、口罩等个人防护用品(图 10-3)。

救护员在对伤病员进行救护时，首先要表明自己的身份：“我是救护员，我现在

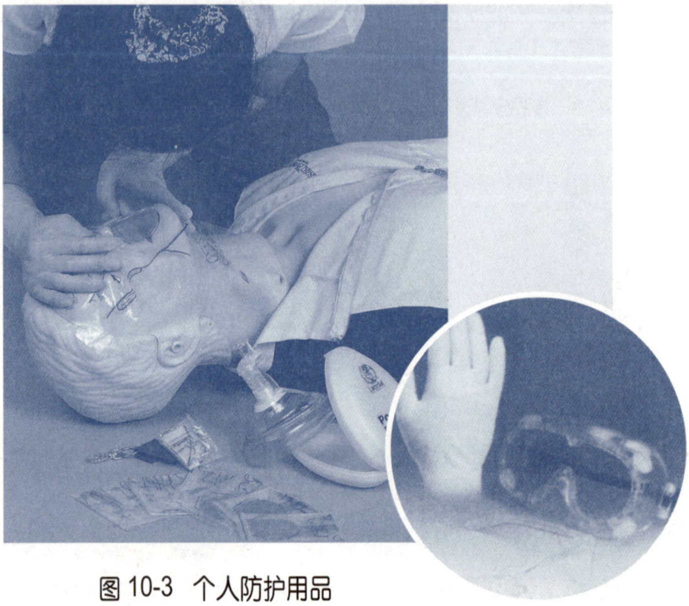

图 10-3 个人防护用品

对你进行救护，请你配合。”以解除伤病员的疑虑。同时还要充分体现以人为本的人文关怀精神，一边检查处理伤情，一边安慰伤病员，给予心理支持，以减轻其思想负担和因过度惊恐导致的各种强烈的情绪反应。如注意他的体位是否舒适、冷暖是否适度、周围环境对其有无恶性刺激、劝说的语言是否和蔼可亲、救护的动作是否轻柔体贴等。

二 现场救护及生命链

1.现场救护的基本任务

(1)检伤分类，分出轻重缓急，对伤病员进行分级处理。

(2)救命为主，保持气道通畅、氧的供应，保证循环，减少伤残。

(3)迅速安全转运伤病员。

2.“生命链”

“生命链”是指从“第一反应者”发现伤病员开始，到专业急救人员到达现场进行抢救的一系列行为构成的“链”，是五个互相联系的环节序列(图 10-4)。

图 10-4 “生命链”

(1) 立即识别心脏骤停并启动急救系统：立即识别伤病员的最初症状和拨打急救电话 120 或 999(北京地区)(图 10-5)。

电话报告内容：

①报告人姓名与电话号码，伤病员姓名、性别、年龄、联系电话；

②伤病员所在的确切地点；

③伤病员目前最危重的情况；

④现场所采取的救护措施；

⑤现场有无自动体外除颤器(AED)；

⑥在征得急救中心同意后再挂断电话。

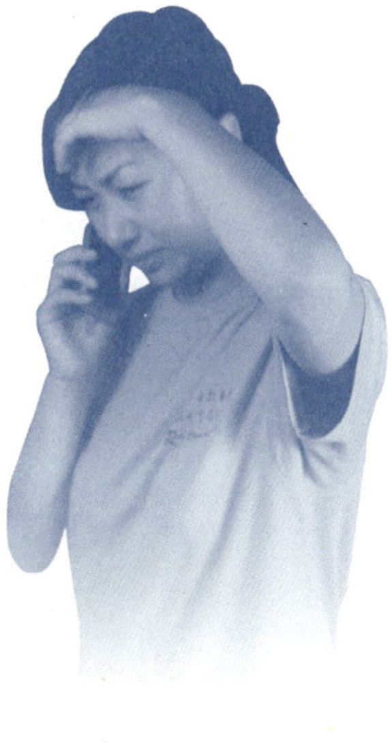

图 10-5 拨打电话

(2)尽早进行心肺复苏，着重于胸外按压(图 10-6a、b)。

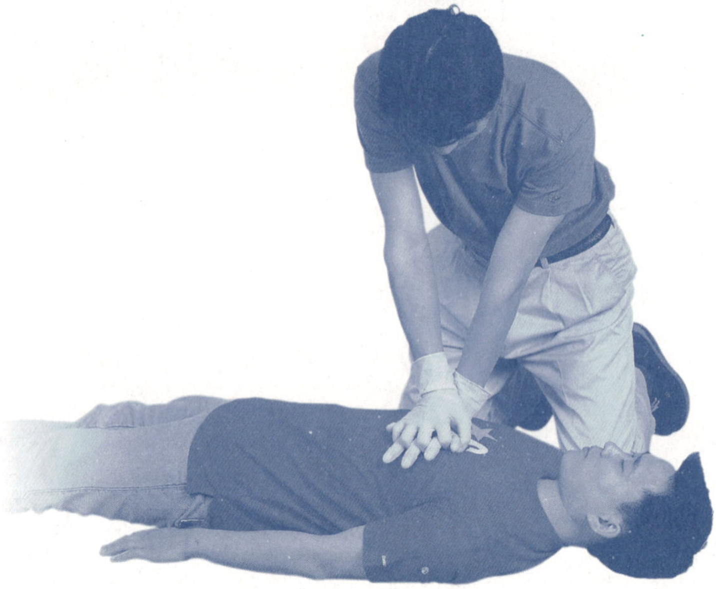

图 10-6a 现场心肺复苏

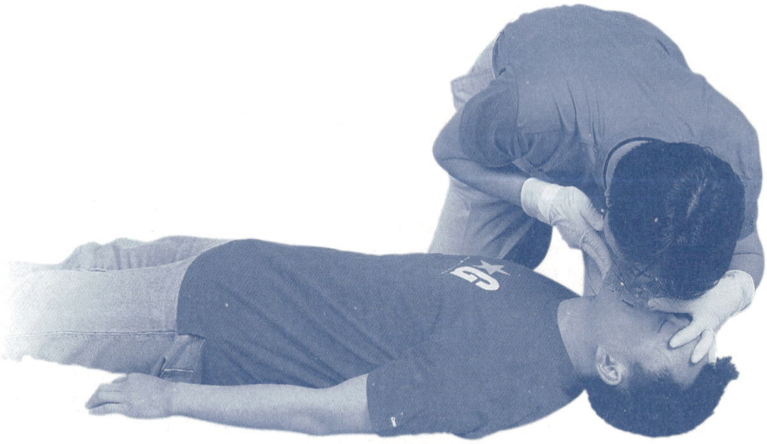

图 10-6b 现场心肺复苏

(3)快速除颤(图 10-7,图 10-8)。

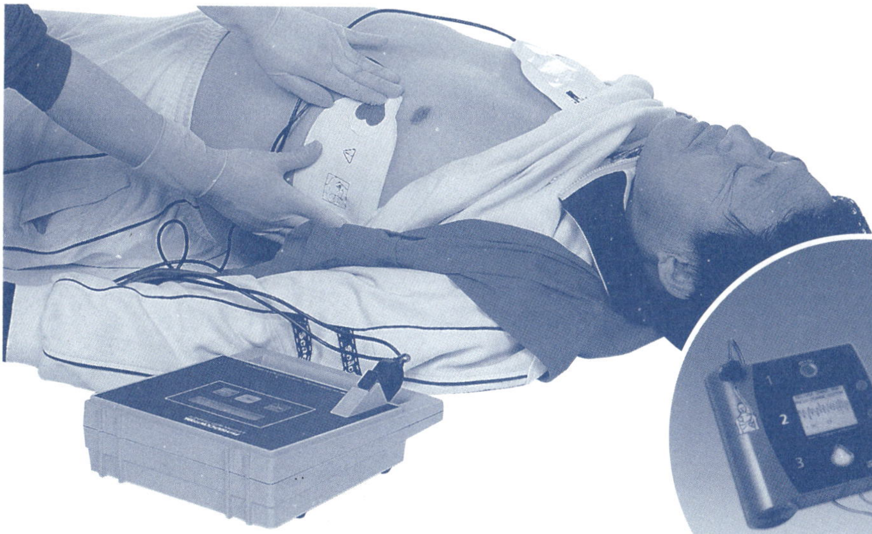

图 10-7 心脏电除颤

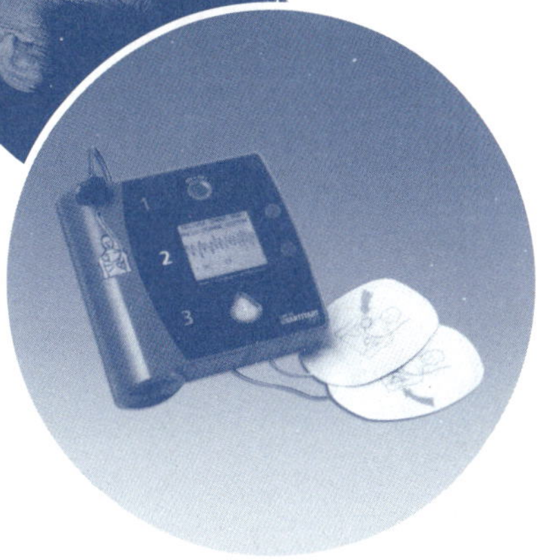

图 10-8 自动体外除颤器(AED)

(4)有效的高级生命支持(图 10-9)。

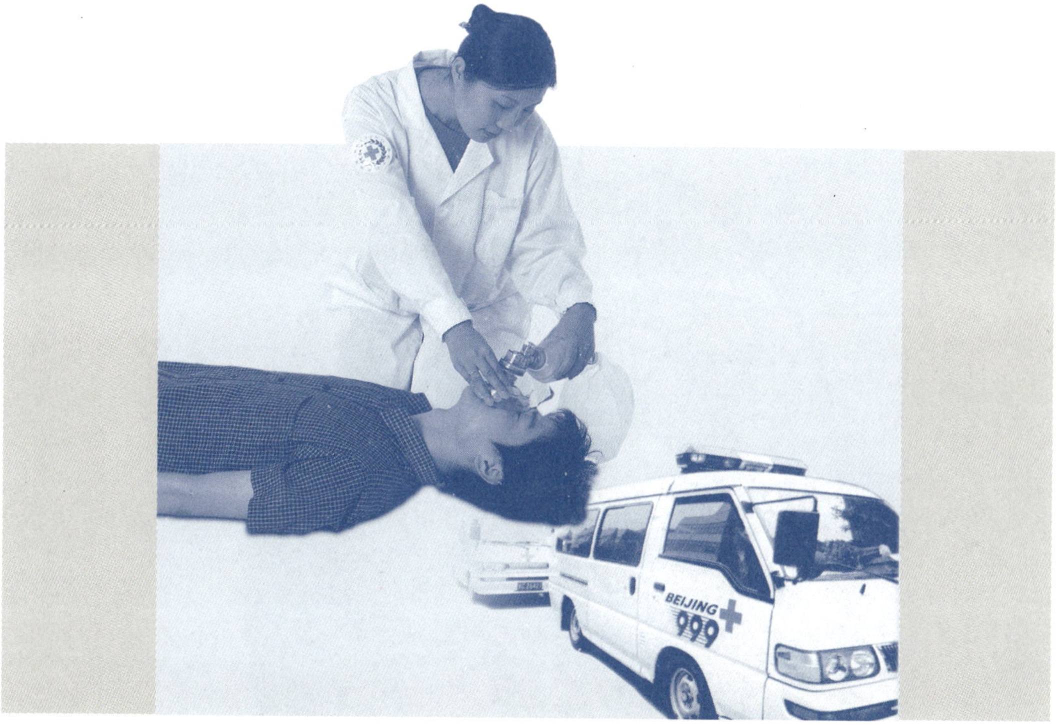

图 10-9 有效的高级生命支持

(5)综合的心脏骤停后治疗。

第二节　心肺复苏

一 人体呼吸及循环系统基本知识

1.呼吸系统

呼吸系统由呼吸道及肺组成（图 10-10）。呼吸道是气体的通道，包括鼻、咽、喉、气管、主支气管及其分支。肺是进行气体交换的场所。呼吸系统的功能是给机体新陈代谢提供所需要的氧，排出二氧化碳及代谢产物。

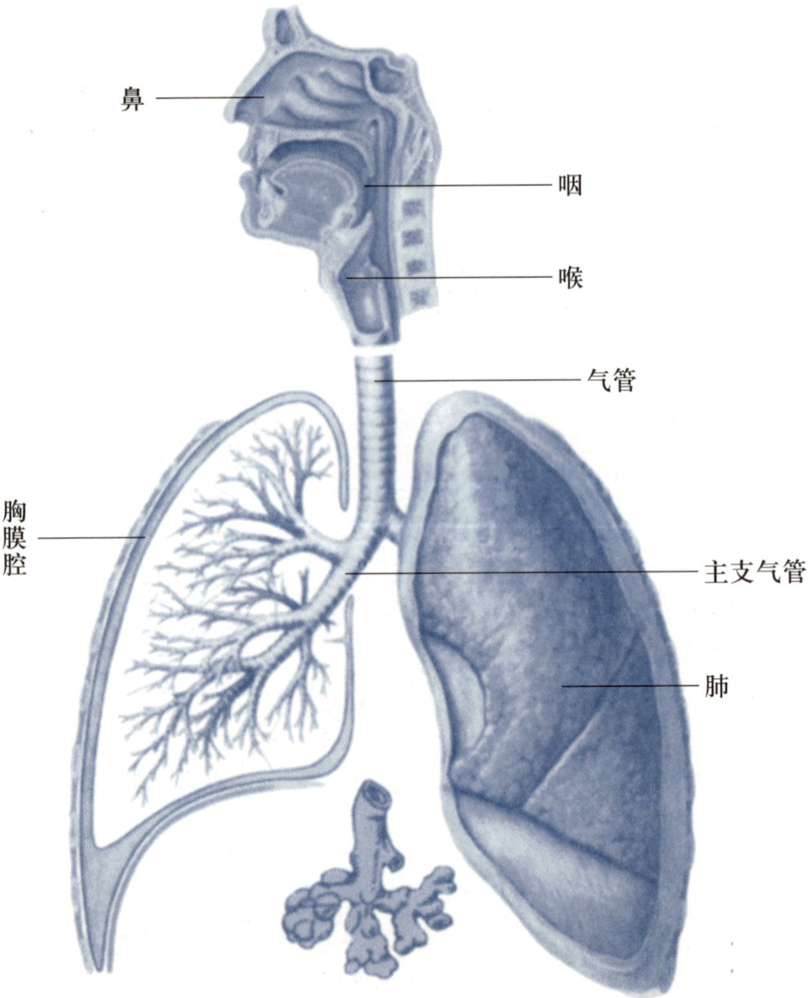

图 10-10　呼吸系统

2.循环系统

由心及血管组成(图 10-11)。心是血液循环的动力器官,位于胸腔中纵隔内,约 2/3 在正中线的左侧,1/3 在正中线的右侧。血管分为动脉、静脉及毛细血管,是输送血液的管道。

血液约占体重的 8%。血液的主要功能是:运送氧气及营养物质,运送二氧化碳及代谢产物,运送激素及抗体。

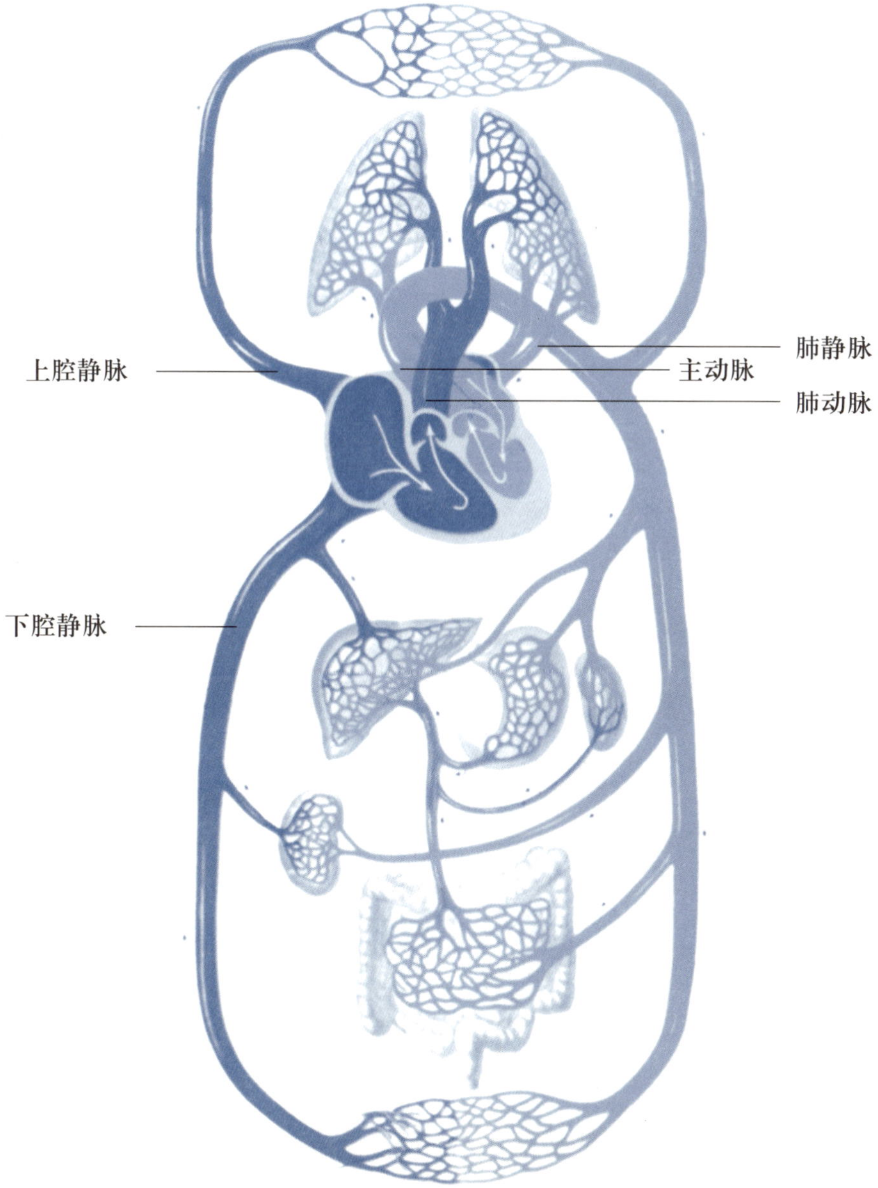

图 10-11 血液循环系统

二 心肺复苏(Cardiopulmonary Resuscitation, CPR)

1.心肺复苏适应证

心肺复苏适用于由多种原因引起的呼吸、心跳骤停的伤病员。如急性心肌梗死、严重创伤、电击伤、挤压伤、踩踏伤、中毒等。

2.心肺复苏操作程序

(1)判断意识。

轻拍伤病员肩膀，高声呼喊："喂，你怎么了？"(图10-12)

图 10-12 判断意识

(2)高声呼救。

"快来人呀，有人发病了，我是救护员，快拨打急救电话，有会救护的请来协助我。"(图 10-13)

图 10-13 高声呼救

(3)将伤病员翻成仰卧位，放在坚硬的平面上。

①将伤病员双侧上臂向上伸直(图 10-14a)。

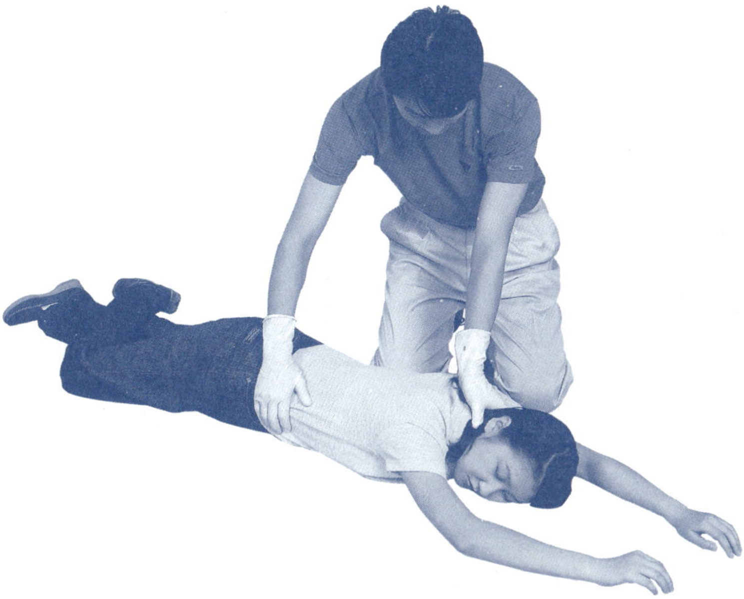

图 10-14a 双侧上臂向上伸直

②保护颈部翻身(图 10-14b)。

图 10-14b 保护颈部翻身

③心肺复苏体位(图 10-14c)。

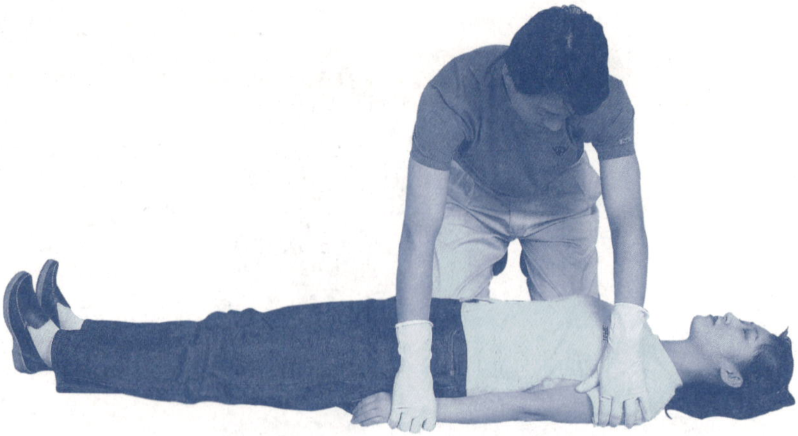

图 10-14c 心肺复苏体位

④救护员双腿跪于伤病员一侧(最好跪于右侧)(图 10-14d)。

图 10-14d 救护员体位

(4)触摸颈动脉搏动，判断有无心跳。

图 10-15a 成人触摸颈动脉

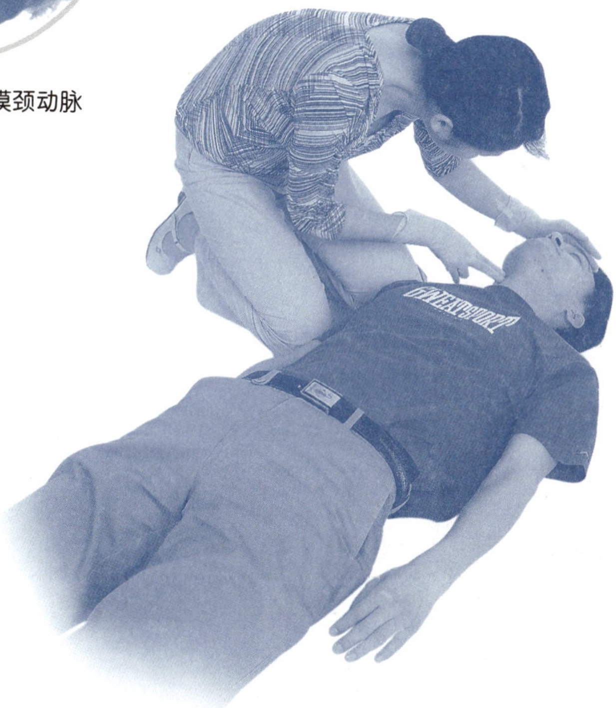

图 10-15b 触摸颈动脉

救护员用一手食指、中指并拢置于伤病员颈前正中线(喉结处)，向外滑行 2～3 厘米至甲状软骨与胸锁乳突肌之间的凹陷处，稍加力度触摸(图 10-15a、b)。注意：目前不提倡非专业人员触摸脉搏，如果救护员不是专业人员，则现场不必触摸脉搏，直接进入第 5 步骤。

(5)胸外心脏按压。

①按压部位：胸部正中乳头连线水平(胸骨下 1/2 处)(图 10-16a～d)。

救护员一手中指沿伤病员一侧肋弓向上滑行至两侧肋弓交界处，食指与中指并拢，另一手掌根紧靠食指放好。

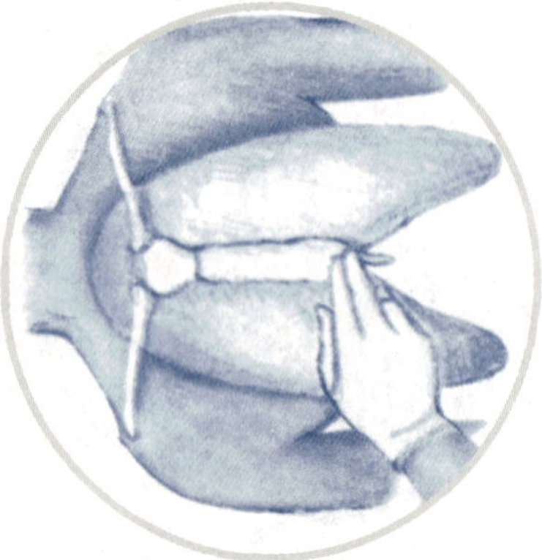

图 10-16a 中指定位

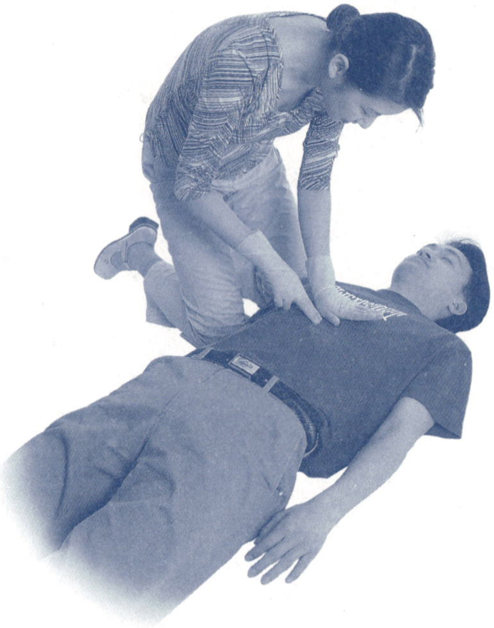

图 10-16b 胸外按压定位

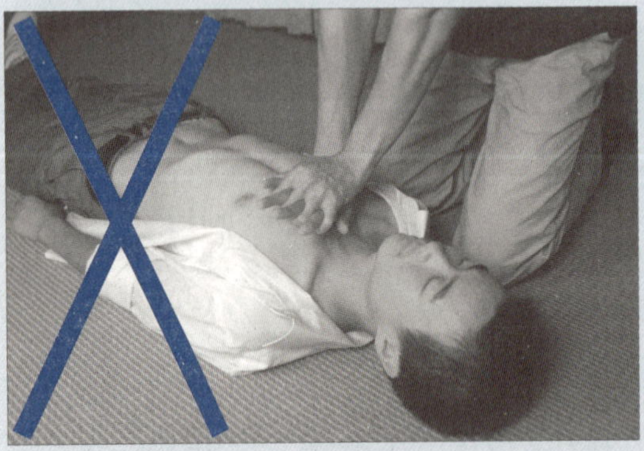

图 10-16c 错误示例：选位置不准确，过于靠上

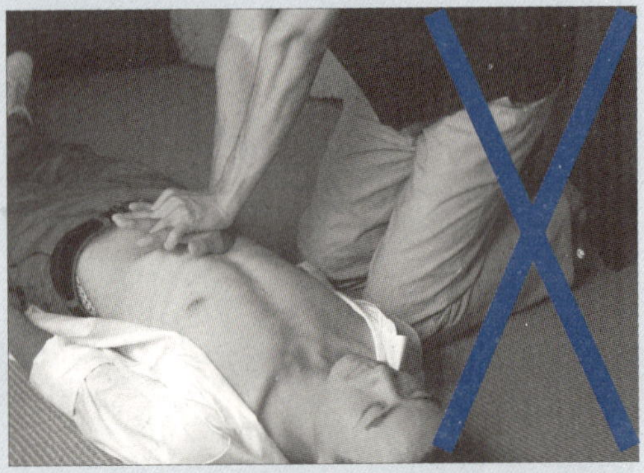

图 10-16d 错误示例：选位置不准确，过于靠下

②胸外心脏按压。

救护员双手掌根重叠，十指相扣，掌心翘起，手指离开胸壁，上半身前倾，双臂伸直，垂直向下，用力、有节奏地按压 30 次（图 10-17a～c）。按压与放松的时间相等，下压深度至少为 5 厘米，按压频率至少为 100 次/分钟。正常成人脉搏每分钟 60 ～ 100 次。

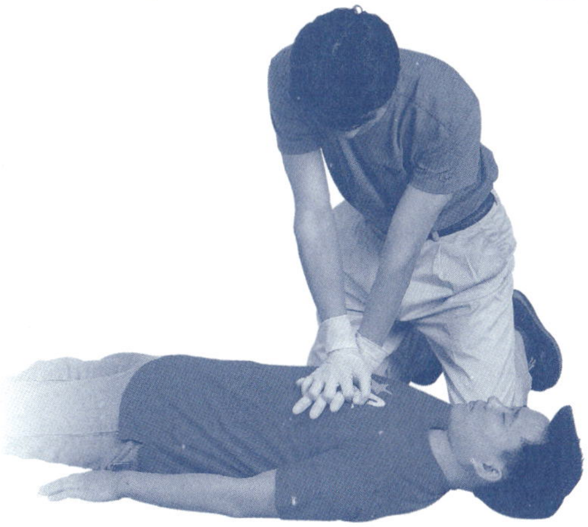

图 10-17a 胸外心脏按压

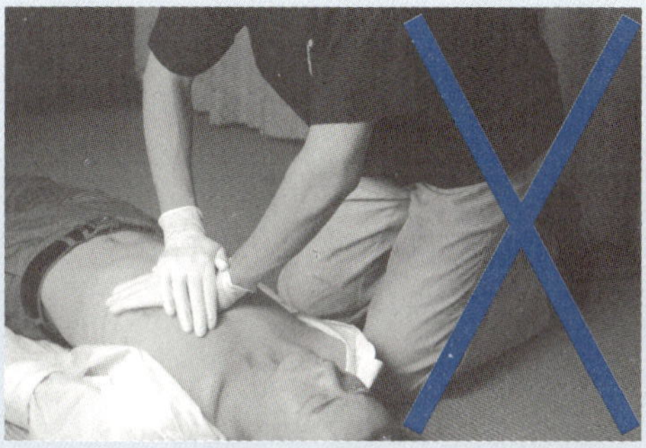

图 10-17b 错误示例：双臂没有垂直向下按压

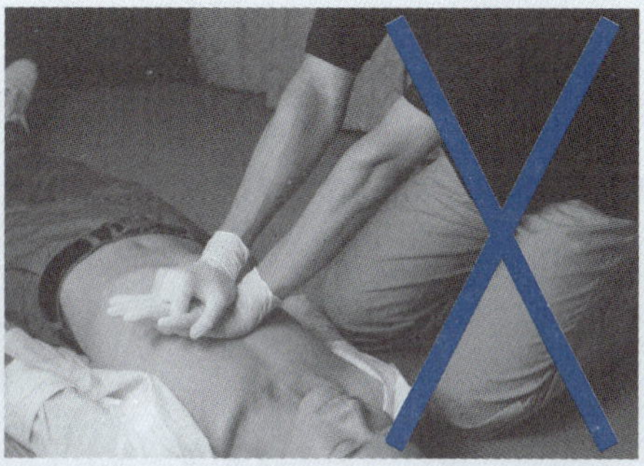

图 10-17c 错误示例：上半身没有前倾

(6)打开气道。

成人：用仰头举颏法打开气道，使下颌角与耳垂连线垂直于地面(90 度)(图 10-18)。

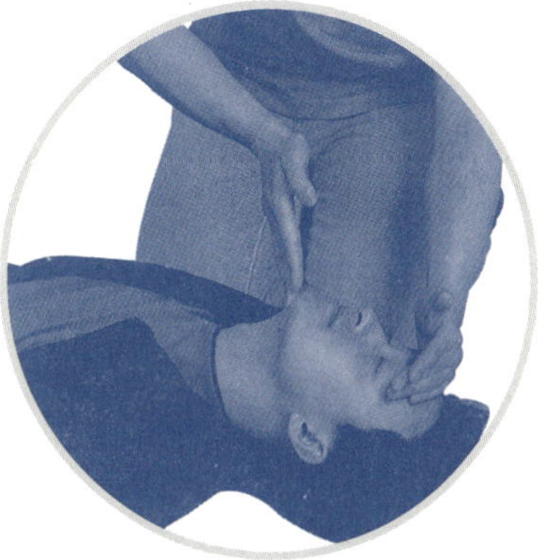

图 10-18 仰头举颏法

图 10-19 口对口吹气

(7)口对口人工呼吸。

如无呼吸立即进行口对口人工吹气两次(图 10-19，图 10-20)。

图 10-20　错误示例：没有打开气道直接吹气

救护员将放在伤病员前额的手的拇指、食指捏紧伤病员的鼻翼，吸一口气，用双唇包严伤病员口唇周围，缓慢持续将气体吹入(吹气时间为 1 秒钟)。吹气量以胸廓隆起为宜，吹气频率为 10～12 次/分钟。正常成人的呼吸频率为 16～20 次/分钟。

3.单人心肺复苏

胸外心脏按压与口对口人工吹气之比为 30：2(图 10-21)。

图 10-21　单人心肺复苏

4. 儿童心肺复苏与成人心肺复苏的不同点

(1)胸外心脏按压。

选位置与成人相同，双手掌根重叠或单手掌根有节奏垂直向下按压 30 次，下压深度至少为胸廓前后径的 1/3(大约 5 厘米)，按压频率至少为 100 次/分钟（图 10-22）。按压与吹气之比为 30∶2。

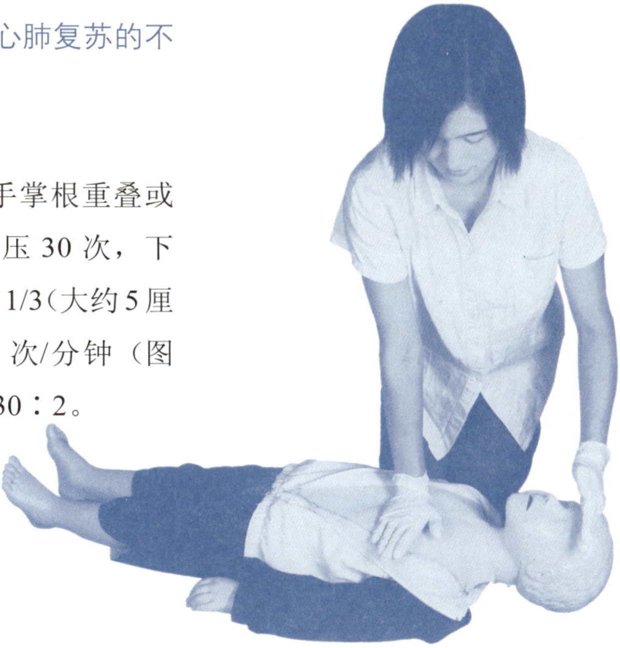

图 10-22 儿童胸外心脏按压

(2)儿童打开气道(下颌角与耳垂连线与地面呈 60 度)(图 10-23)。

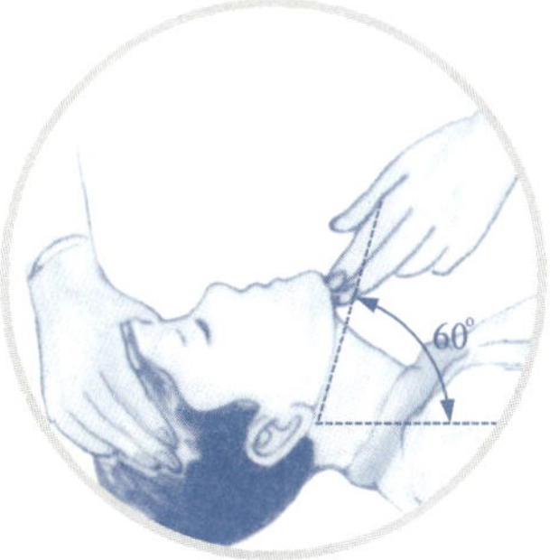

图 10-23 儿童打开气道

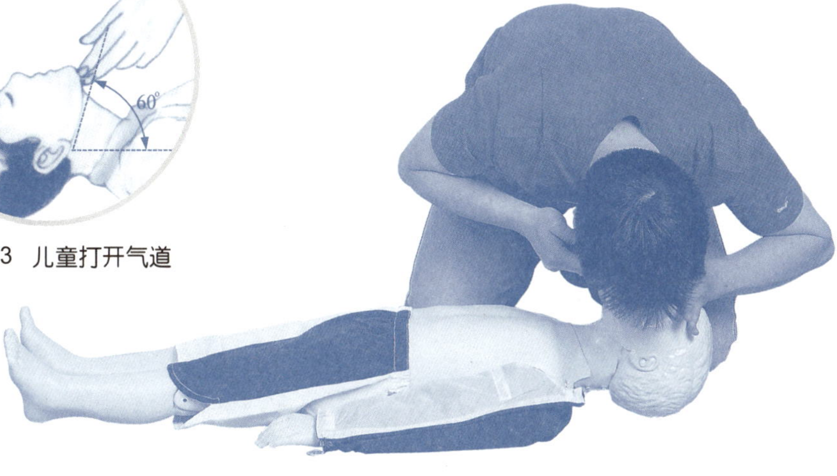

图 10-24 人工吹气

(3)口对口人工吹气两次(图 10-24)。

吹气方法与成人相同，吹气量适当减少，以胸廓隆起为宜。吹气频率为 12 ~ 20 次/分钟。正常儿童呼吸每分钟 20 ~ 30 次。

5.心肺复苏成功指征

(1)伤病员面色、口唇由苍白、青紫变红润。

(2)恢复自主呼吸及脉搏搏动。

(3)眼球活动,手足抽动,呻吟。

6.复原(侧卧)位

心肺复苏成功或无意识但有呼吸及心跳的伤病员,将其翻转为复原(侧卧)位。

(1)救护员位于伤病员一侧,将靠近自身的伤病员的手臂肘关节屈曲成90度置于头部侧方(图10-25)。

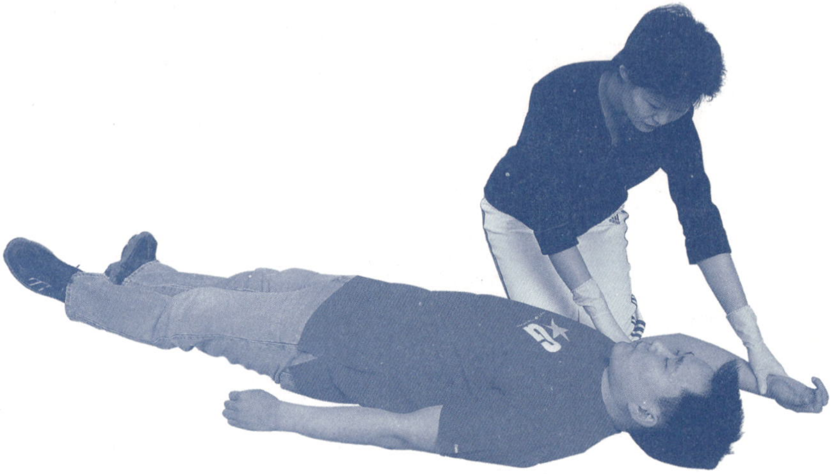

图10-25 手臂上举

(2)另一手臂肘部弯曲置于胸前(图10-26)。

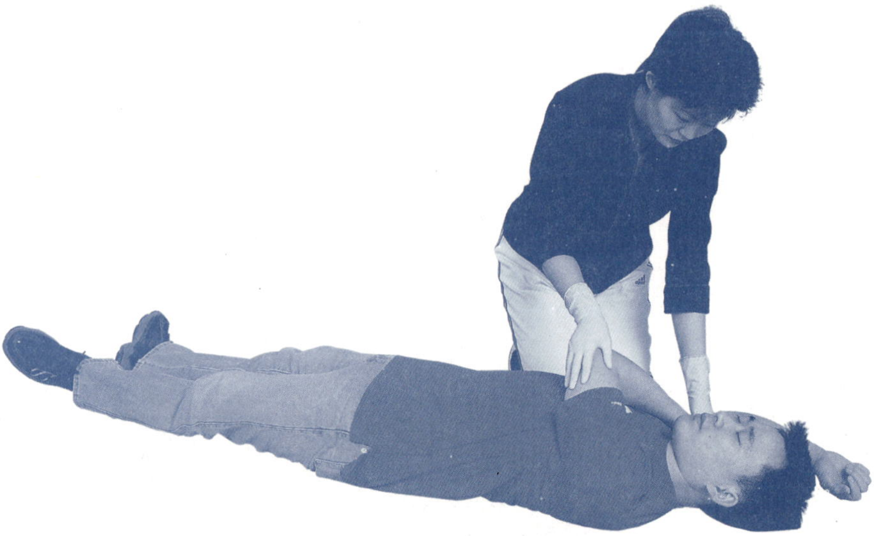

图10-26 手臂弯曲置于胸前

(3) 将伤病员远离救护员一侧的下肢屈曲，救护员一手扶住伤病员膝部，另一手扶住伤病员肩部，轻轻将伤病员翻转成侧卧姿势(图10-27)。

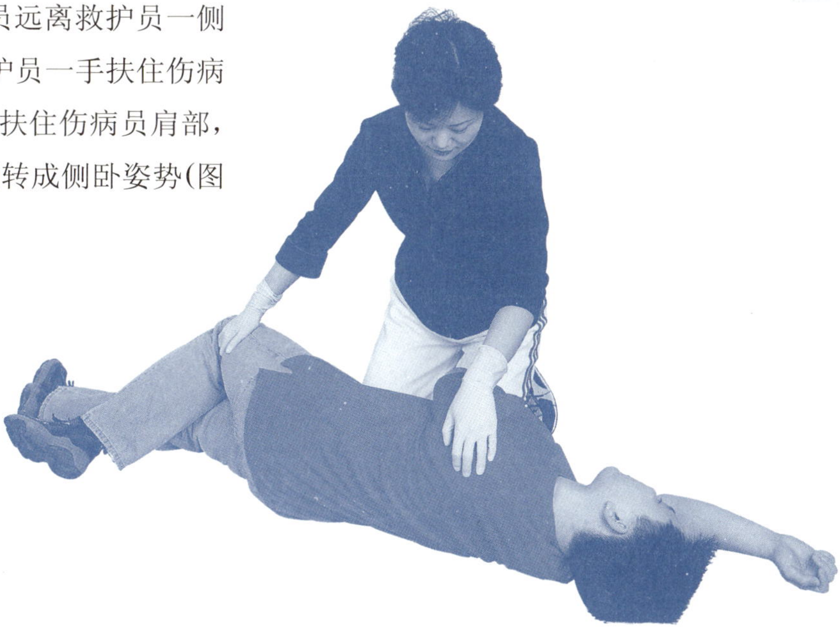

图 10-27 翻转伤病员

(4)将伤病员置于胸前的手掌心向下，置于面颊下方，轻轻打开气道(图 10-28a、b)。

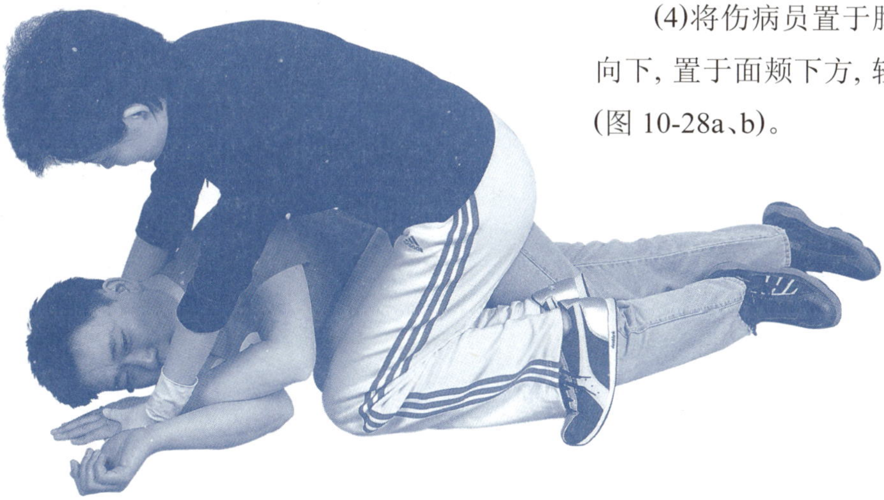

图 10-28a 手置于面颊下方

图 10-28b 复原体位

三 体外心脏除颤

体外心脏除颤适用于心室颤动的伤病员。

1.自动体外除颤器(AED)的使用

(1)首先评估伤病员的情况，在无意识、无呼吸、无脉搏，出现粗大心室颤动、室性心动过速的情况下使用AED(图 10-29)。

(2) 按下开关，一个电极片贴在伤病员裸胸的右锁骨下方，另一个贴在左乳房外侧，将电极与AED连接(图 10-30)。除颤时救护员及在场的所有人员不要接触伤病员身体。

(3)AED分析后确认需要除颤，发出充电信号，自动充电完毕后，按动除颤放电键，完成一次除颤。

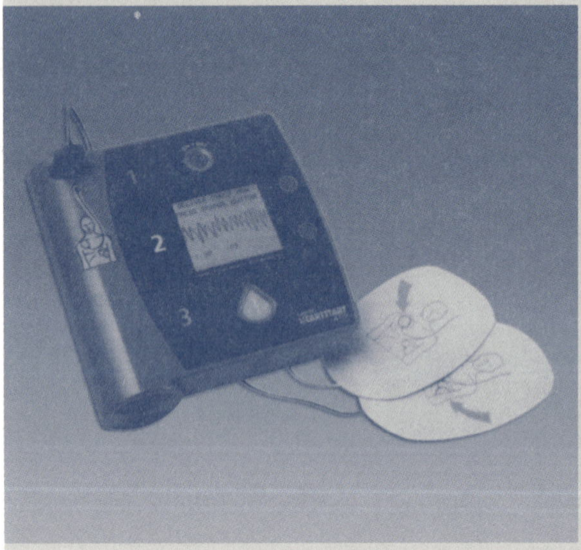

图 10-29 自动体外除颤器(AED)

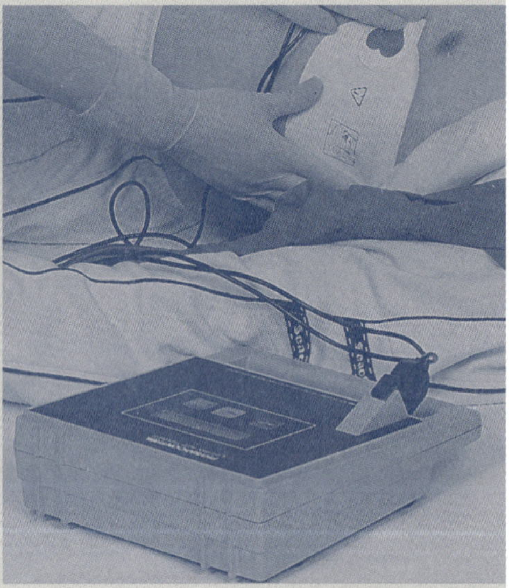

图 10-30 心脏电除颤

(4) 电击后立即进行 5 个周期的CPR (1 个周期的CPR包括连续 30 次胸外心脏按压和 2 次人工呼吸，5 个周期的CPR大约为 2 分钟)，然后检查心跳是否恢复。

2.胸外叩击法

胸外叩击法是救护员在没有AED的情况下，现场对心室颤动的伤病员实施“赤手空拳”的救护措施。注意：目前不主张非专业人员用此法，以下内容仅供阅读了解。

(1)定位：同胸外心脏按压部位(图 10-31a)。

(2)操作。

☞ 救护员一手的中指置于伤病员近侧的肋弓下缘，沿肋弓向内上滑行到双侧肋弓的汇合点，食指与之并拢。

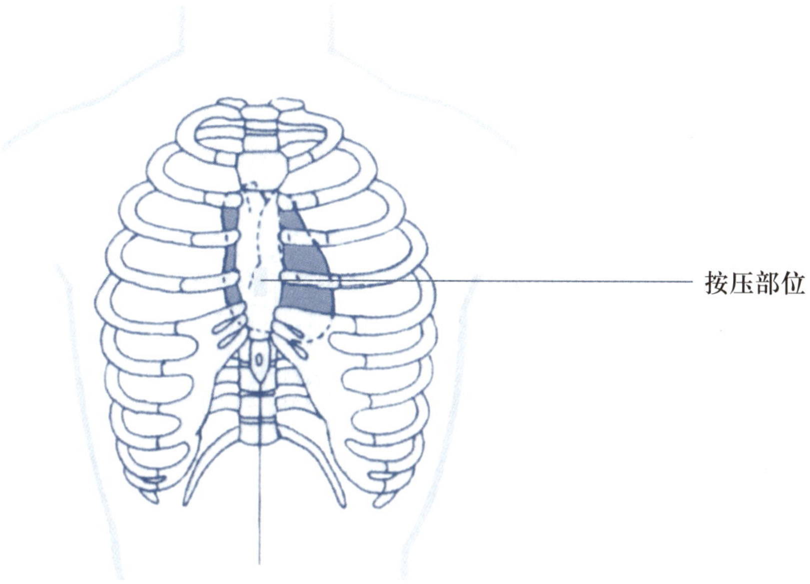

图 10-31a 按压部位

☞ 另一手的手掌根部贴于第一只手的食指并平放，使掌根部的横轴与胸骨的长轴重合(图 10-31b)。

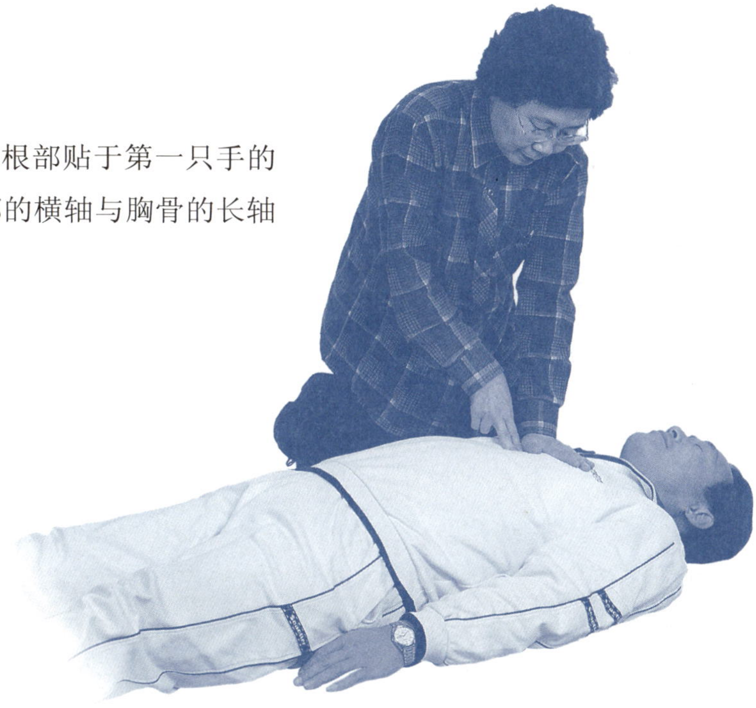

图 10-31b 胸外叩击定位

☞ 定位手紧握拳头，距另一手背30～40厘米高度，垂直较为有力地向下叩击一次(图10-32)。

☞ 立即进行5组30:2的CPR，然后检查心跳是否恢复。

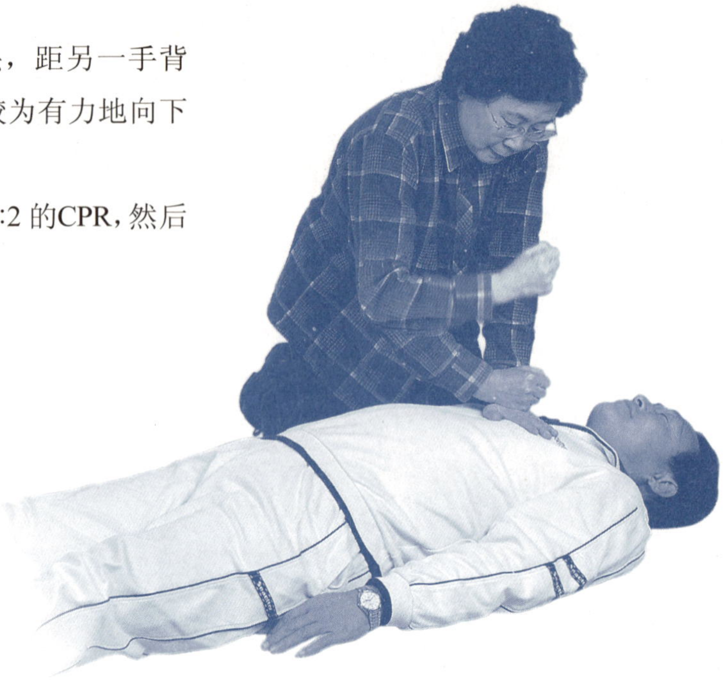

图10-32 胸外叩击

四 气道阻塞急救法

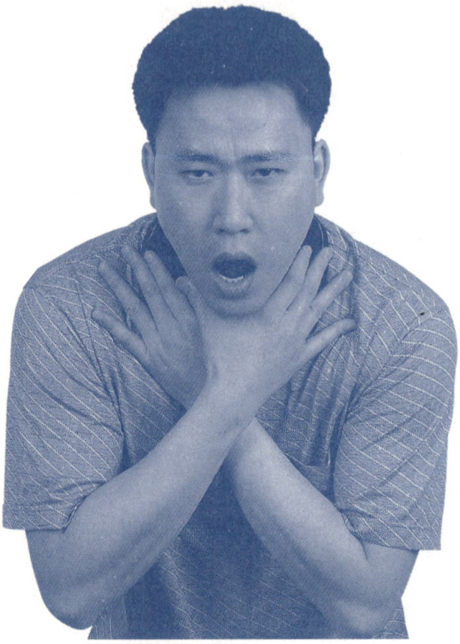

图10-33 “V”形手势

气道阻塞急救法兴起于20世纪70年代中期，称为海姆立克急救法，简称海氏急救法，主要适用于气道异物导致呼吸道阻塞引起的呼吸困难及呼吸骤停。气道异物阻塞可发生在任何年龄组，尤以儿童及老年人多见。

1.气道异物阻塞时伤病员的特殊表现

(1)气道不完全阻塞。

伤病员剧烈呛咳，呼吸困难，面色青紫、发绀。由于病人极度不适，常常以一手呈“V”字状，紧贴于颈前喉部(图10-33)。

(2)气道完全阻塞。

伤病员面色灰暗、青紫，不能说话、咳嗽及呼吸，最后窒息，呼吸停止。

2.气道不完全阻塞急救法

该方法适用于气道不完全阻塞的伤病员。

(1)立位腹部冲击法。

①询问伤病员是否需要帮助（图 10-34）。

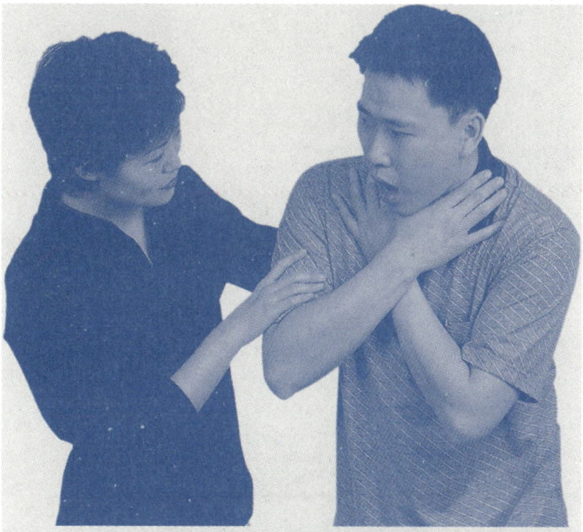

图 10-34 询问伤病员

②选定位置：脐上二横指处（图 10-35）。

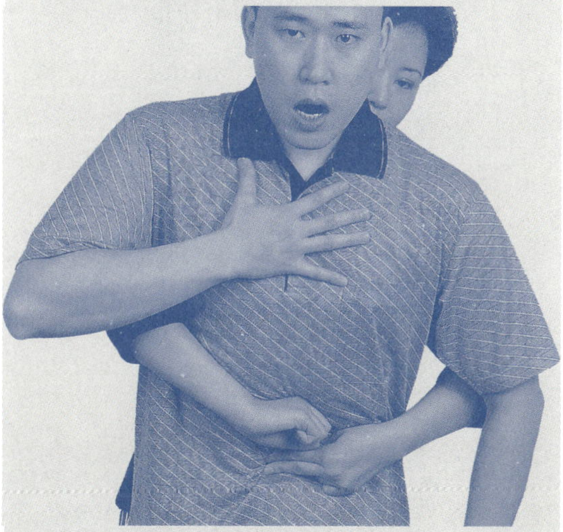

图 10-35 定位

③腹部冲击。

救护员握空心拳，拳眼置于伤病员脐上二横指处，另一手紧握此拳，快速有力、有节奏地向内向上冲击 5～6 次，反复操作至异物排除(图 10-36)。

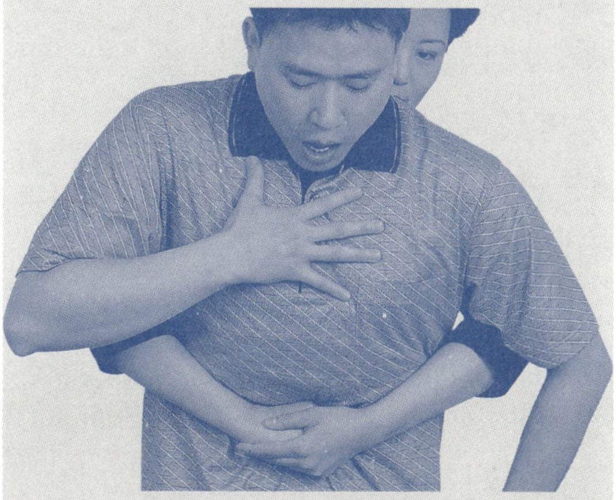

图 10-36 腹部冲击

(2)立位胸部冲击法。

适用于肥胖者及妊娠后期的妇女。冲击部位在胸骨中部(图 10-37a、b)。

图 10-37a 立位胸部冲击

图 10-37b 错误示例：
立位胸部冲击，选位置在剑突部位

3.气道完全阻塞急救法

(1)仰卧位腹部冲击法。

仰卧位腹部冲击法适用于意识不清醒、窒息昏迷倒地的伤病员。先进行口对口吹气两次，如果无效，救护员骑跨在伤病员两大腿外侧，一手掌根平放于脐上二横指处，另一掌根与之重叠，两手合力，向内向上冲击5～6次，反复操作，至异物排出(图 10-38a、b)。

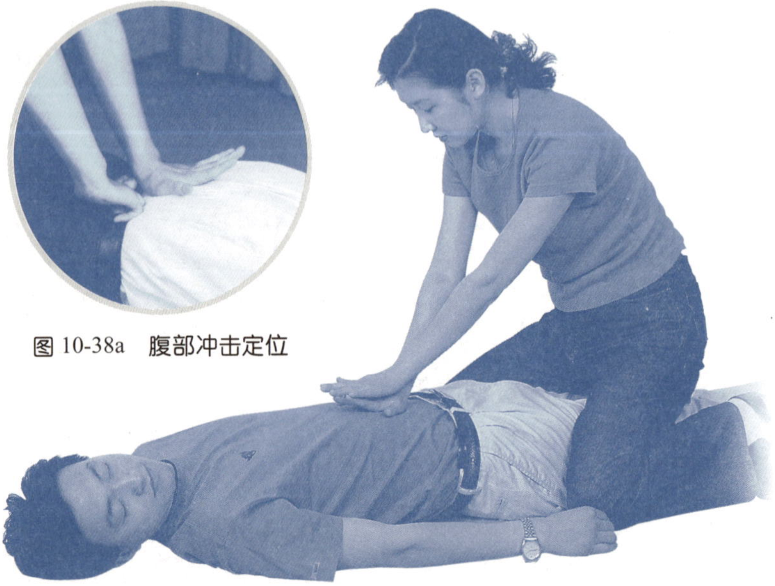

图 10-38a 腹部冲击定位

图 10-38b 仰卧位腹部冲击

(2)仰卧位胸部冲击法。

适用于意识不清醒、窒息昏迷倒地的肥胖及妊娠后期的妇女。先进行口对口吹气两次，如果无效立即冲击胸骨中部至异物排出(图 10-39)。

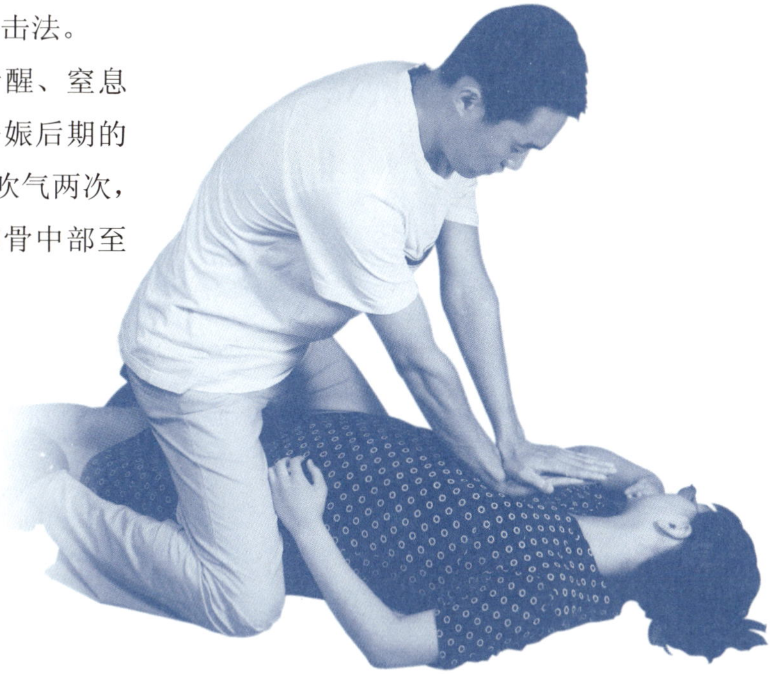

图 10-39 仰卧位胸部冲击

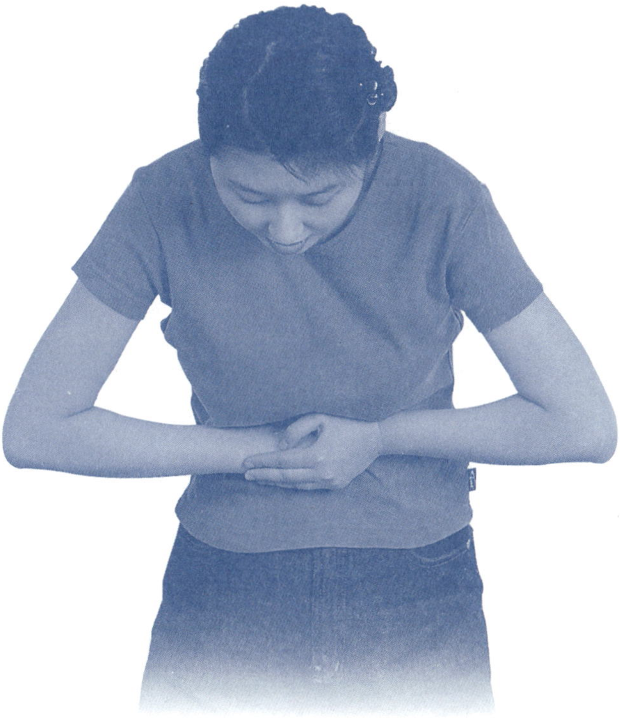

图 10-40 自救腹部冲击

4. 气道不完全阻塞的自救方法

(1) 自己一手握空心拳，拳眼置于脐上二横指处，另一手紧握此拳，快速向内向上有节奏地冲击 5～6 次，至异物排除出(图 10-40)。

(2) 也可将自己脐上二横指处压在椅背、桌边、床栏杆等硬物处，连续向内向上冲击 5 ～ 6 次，至异物排出(图 10-41)。

图 10-41　自救腹部冲击

5. 取异物

将伤病员的头偏向一侧，救护员一手拇指伸入伤病员口腔内，其余四指置于下颌骨处，将伤病员舌及下颌骨垂直向上牵拉，另一手食指由伤病员一侧口角伸入，将异物钩出(图 10-42)。

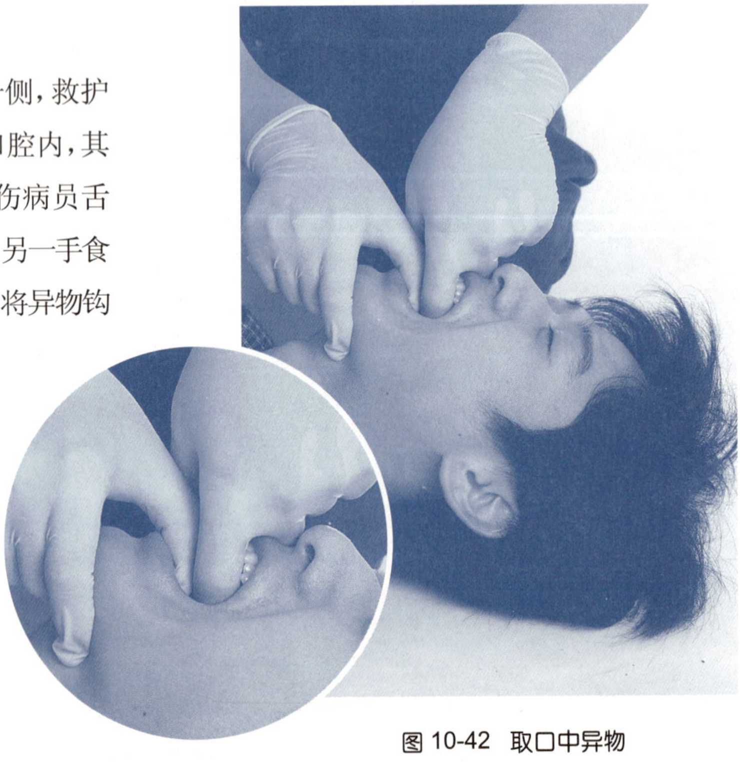

图 10-42　取口中异物

第三节 创伤救护

一 概述

1. 人体运动系统基本知识

运动系统由骨、骨连结和骨骼肌组成。

运动系统主要功能：支持、运动及保护功能。

骨：人体共有206块骨，骨通过连接装置组成骨骼(图10-43)。

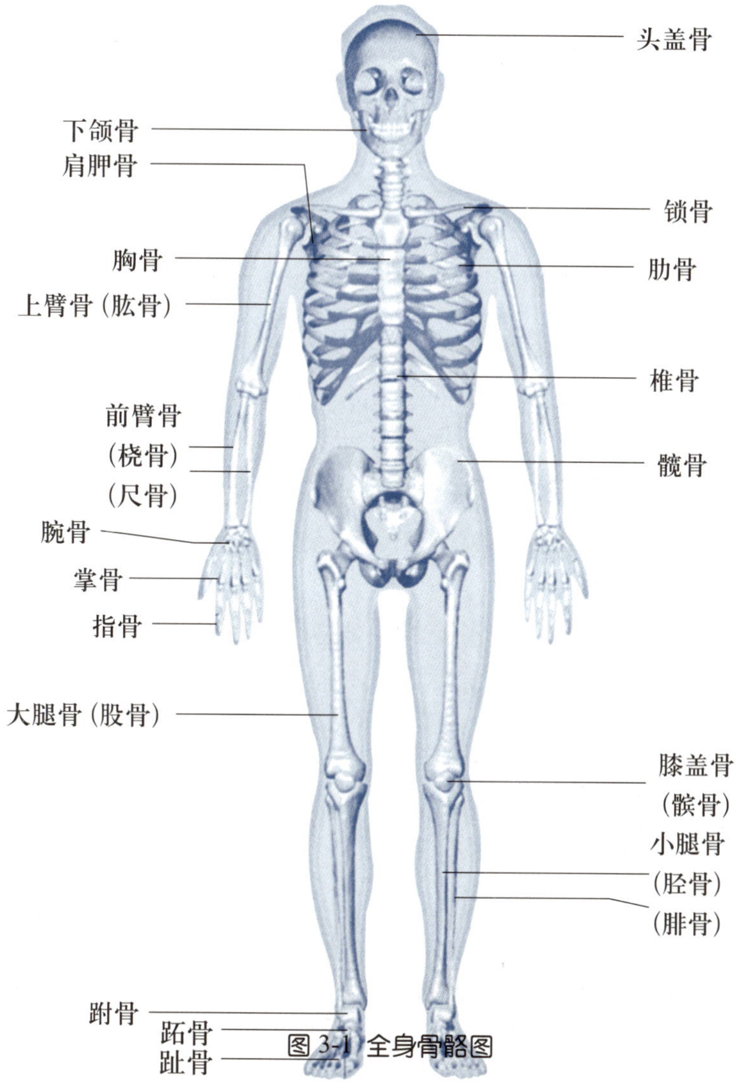

图10-43 全身骨骼图

骨骼肌：具有收缩功能，全身共有600多块，附着于骨骼上(图10-44 a、b)。

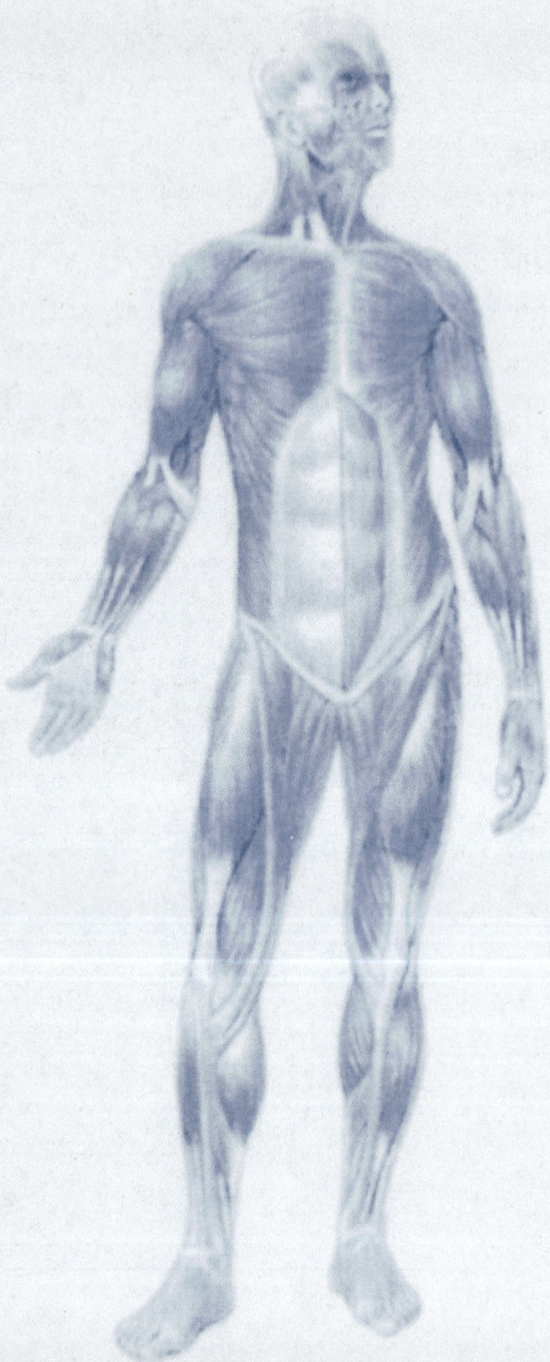

图10-44a 全身肌肉正面图

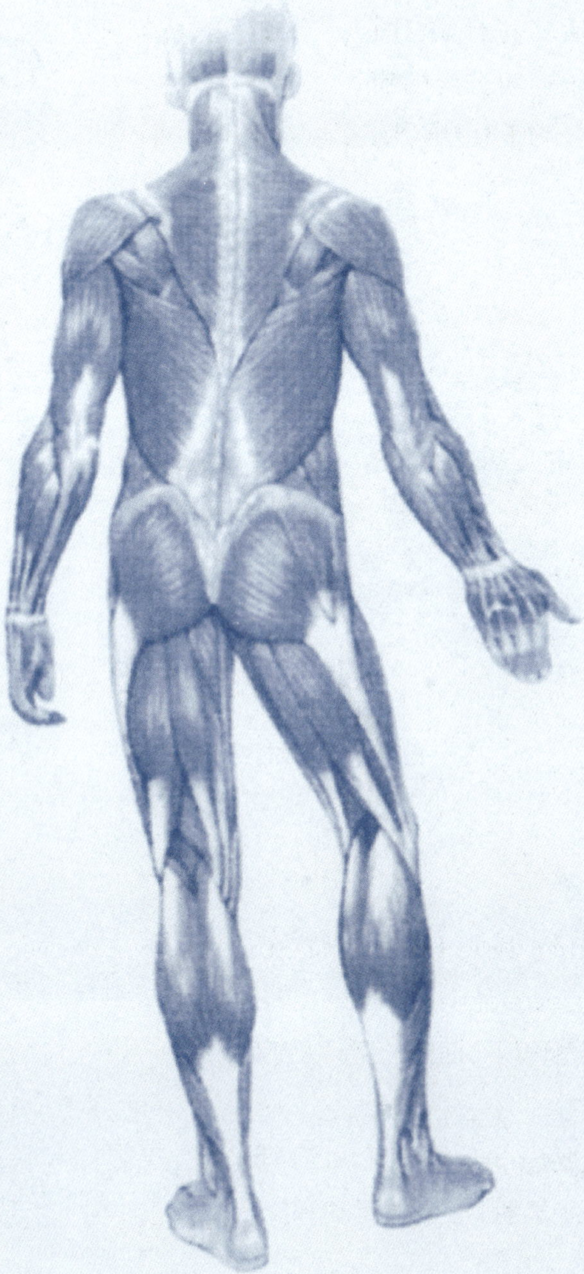

图 10-44b 全身肌肉背面图

2. 神经系统

神经系统可分为中枢神经系统和周围神经系统两部分。

(1)中枢神经。

中枢神经包括脑和脊髓（图10-45）。脑位于颅腔内，可分为端脑(大脑)、间脑、小脑、脑干(中脑、脑桥、延髓)四部分。

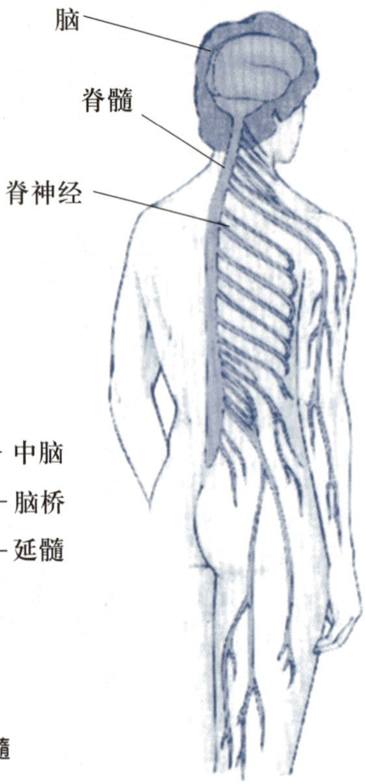

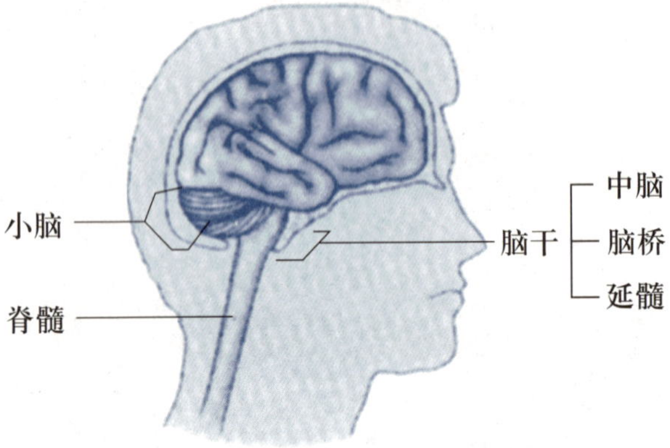

图 10-45 脑及脊髓

(2)周围神经。

周围神经包括脑神经共 12 对，由脑发出，支配头面部的运动及感觉；脊神经共 31 对，与脊髓相连，支配躯干、四肢的运动及感觉(图 10-46)。

自主神经：主要分布于内脏、心血管和腺等效应器，管理平滑肌、心肌的运动和腺体的分泌。

神经系统在人体功能调节中起主导作用，负责联络和调节体内各器官、系统的功能，对体内外各种环境变化做出迅速而完善的适应性调节，从而维持机体内外环境的相对稳定。

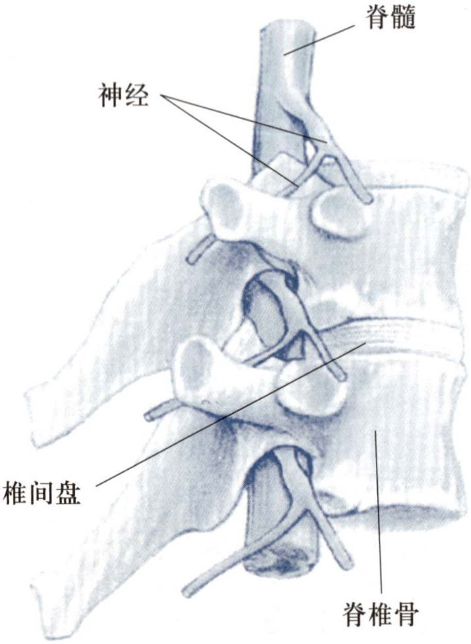

图 10-46 椎骨与脊髓关系

二 创伤救护

1.概述

创伤是各种致伤因素造成的人体组织损伤和功能障碍。轻者造成体表损伤，引起疼痛或出血；重者导致功能障碍、残疾，甚至死亡。应该在检查(如头部、颈部、骨盆等部位)伤情基础上采取救护措施；创伤救护包括止血、包扎、固定、搬运四项技术。

2.检查伤员伤情

(1)检查头部(图 10-47a)。

是否有出血、肿胀、骨折，看鼻孔、耳道内是否有血液或脑脊液流出。

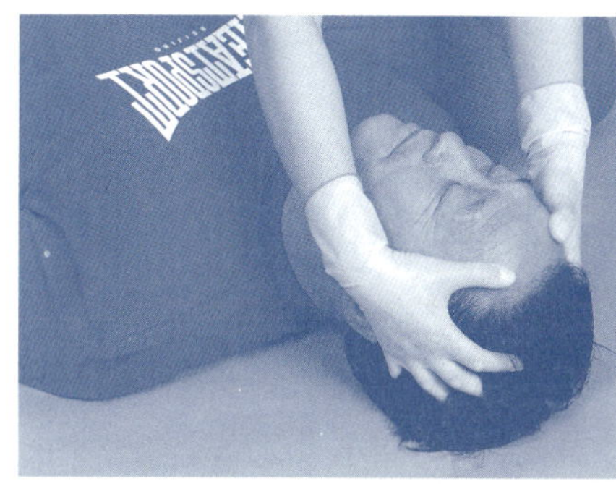

图 10-47a 检查头部

(2)检查颈部(图 10-47b)。

伤者平卧，救护员用手指从上到下按压伤者颈部后正中，询问是否疼痛，如有疼痛，则认定为可疑颈椎骨折。

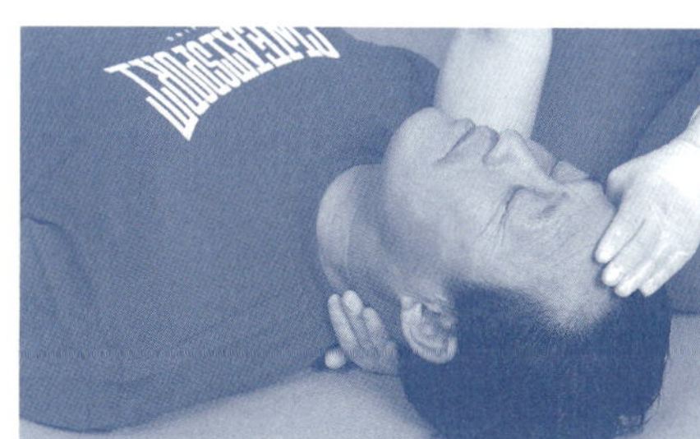

图 10-47b 检查颈部

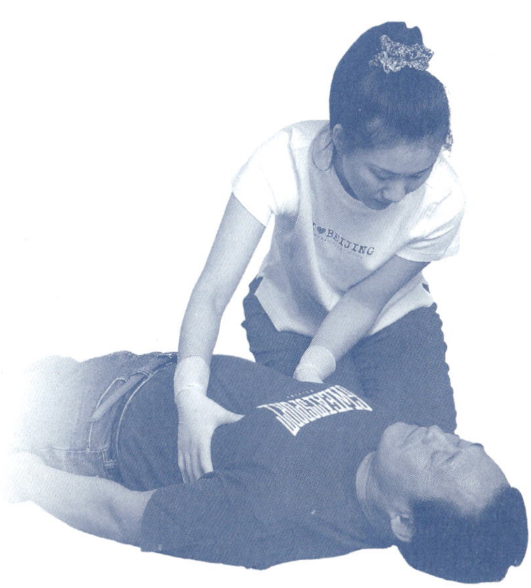

图 10-47c 检查胸部

(3)检查胸部(图 10-47c)。

询问疼痛部位，观察呼吸情况，如图挤压胸廓判断是否有肋骨骨折。

(4)检查骨盆(图 10-47d)。

询问疼痛部位，双手挤压伤者骨盆两侧，如有疼痛，则认定为可疑骨盆骨折。

图 10-47d 检查骨盆

3.止血方法

(1)指压止血法(图 10-48a～d)。

①直接压迫止血。

用清洁的敷料盖在出血部位，直接压迫止血。

②间接压迫止血(是一种辅助止血方法)。

用手指压迫伤口近心端的动脉，阻断动脉血运，能有效地达到快速止血的目的。

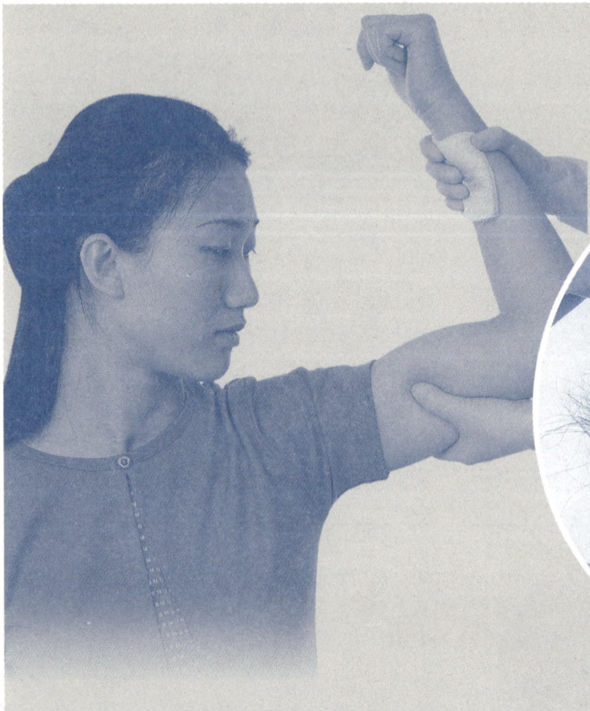
图 10-48a 压迫肱动脉

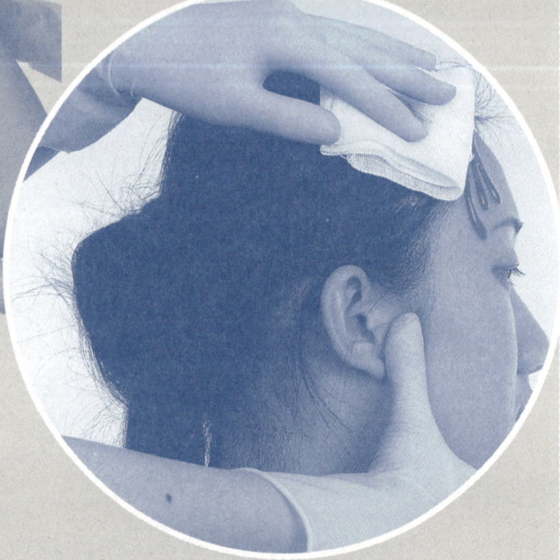
图 10-48b 压迫颞浅动脉

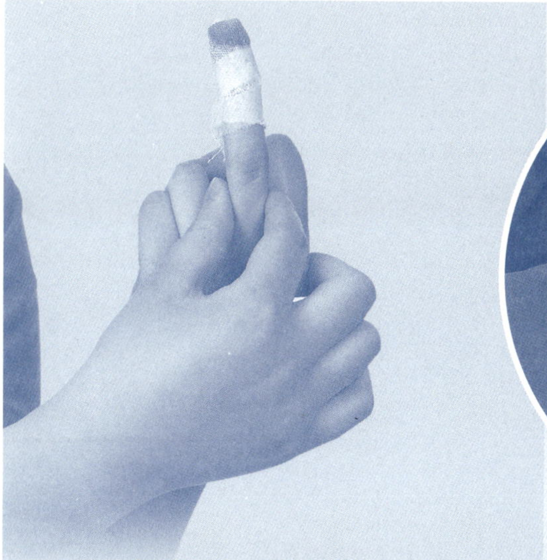

图 10-48c 压迫指动脉

图 10-48d 压迫股动脉

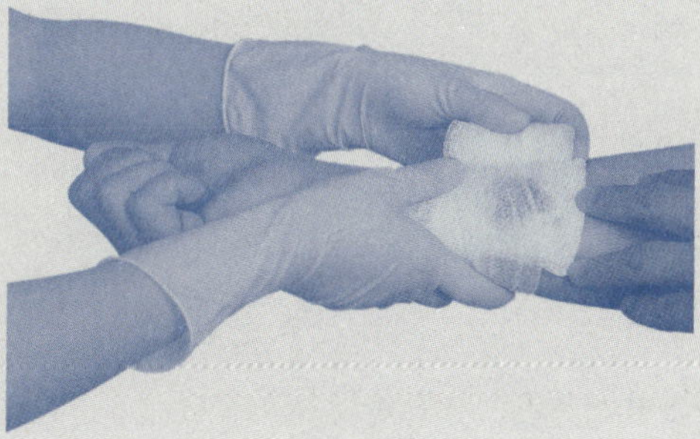

图 10-49a 敷料盖伤口

(2)加压包扎止血法。

用敷料或其他干净的毛巾、手绢、三角巾等覆盖伤口，加压包扎达到止血目的(图 10-49a～c)。

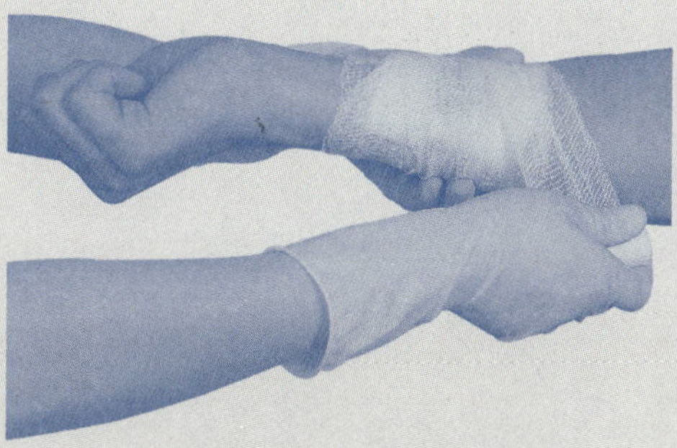

图 10-49b 绷带包扎

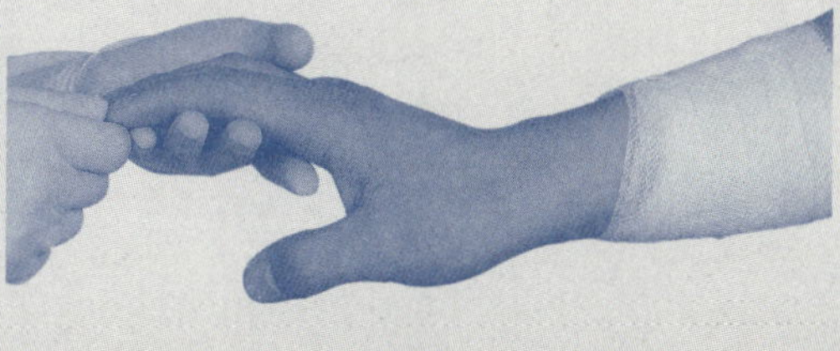

图 10-49c 包扎后检查肢体远端血运

(3)填塞止血法。

用消毒纱布、敷料(如无，用干净的布料替代) 填塞在伤口内，再用加压包扎法包扎(图 10-50)。

躯干部出血不能使用此种方法止血。

图 10-50 填塞止血

(4)止血带止血法。

此为使用其他止血方法不能奏效时的最后一种止血方法。上止血带的部位在上臂上 1/3 处或大腿中上段。用时要注意使用的材料、止血带的松紧程度、标记时间等问题(图 10-51a～c)。

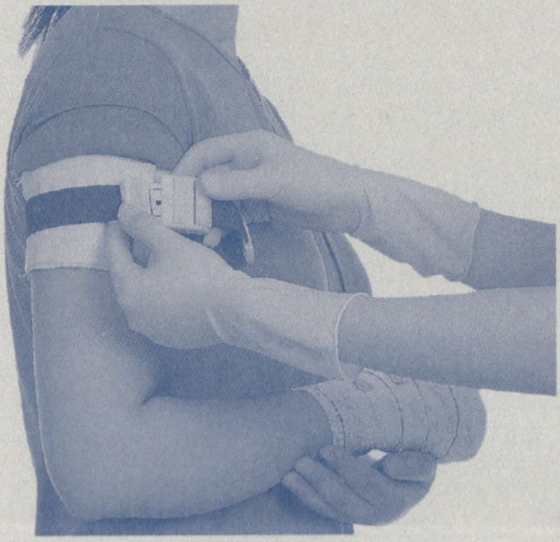

图 10-51a 上止血带

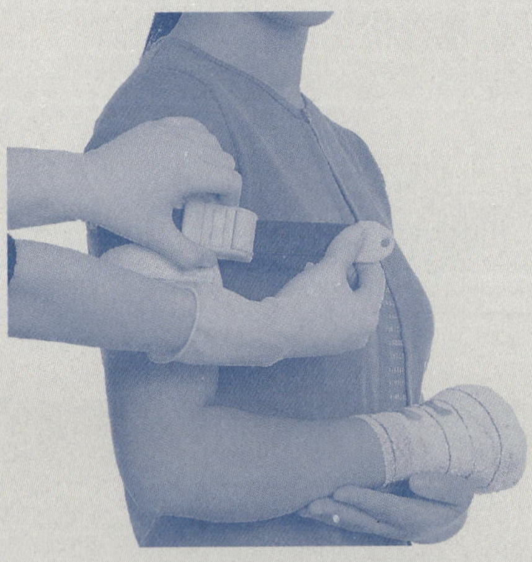

图 10-51b 拉紧扣环

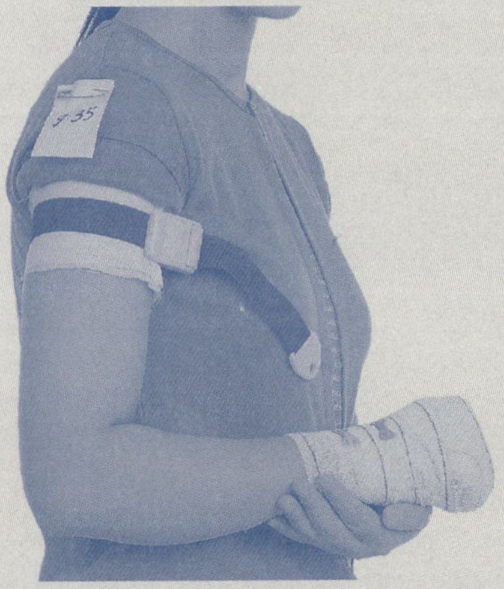

图 10-51c 标记时间

如无止血带，可用布带等代替(图 10-52a～e)。

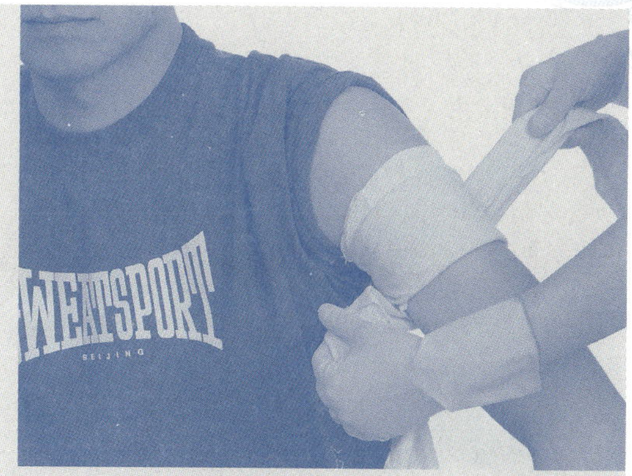

图 10-52a 绷紧布带

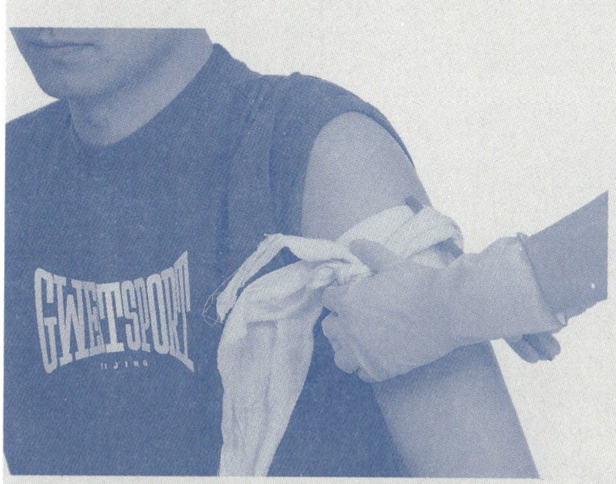

图 10-52b 打活结 穿绞棒

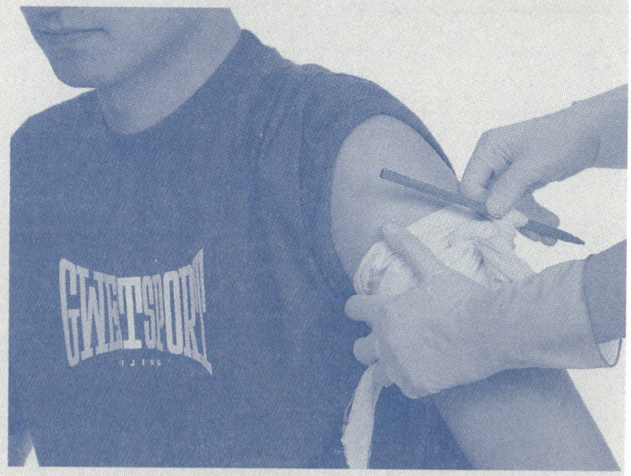

图 10-52c 绞紧

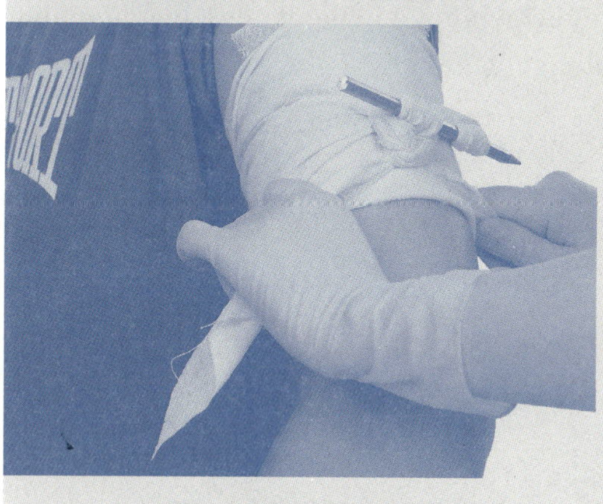

图 10-52d 固定绞棒

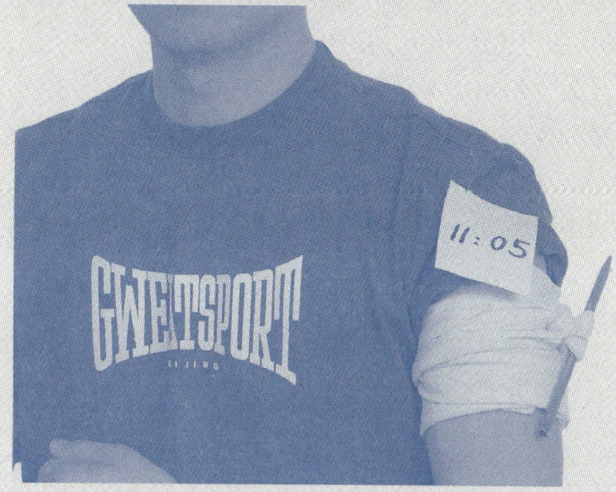

图 10-52e 标记时间

4.现场包扎法

快速、准确地将伤口用自粘贴、尼龙网套、纱布、绷带、三角巾或现场可以利用的布料等包扎，是外伤救护的重要一环。它可以起到快速止血、保护伤口、防止进一步污染、减轻疼痛的作用，有利于转运和进一步治疗。

(1)绷带包扎。

①手部“8”字包扎(图 10-53a)。

图 10-53a 手部“8”字包扎

②螺旋包扎(图 10-53b)。

图 10-53b 螺旋包扎

(2)三角巾包扎。

①头顶帽式包扎(图 10-54)。

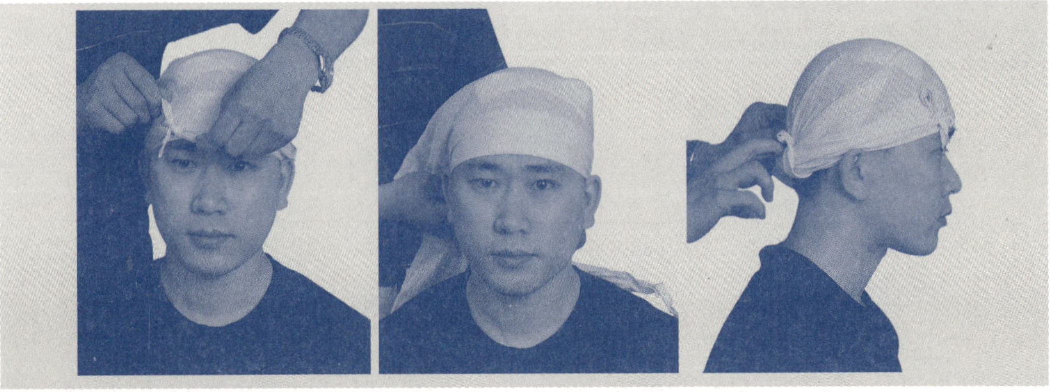

图 10-54 头顶帽式包扎

②单肩包扎(图 10-55a)。

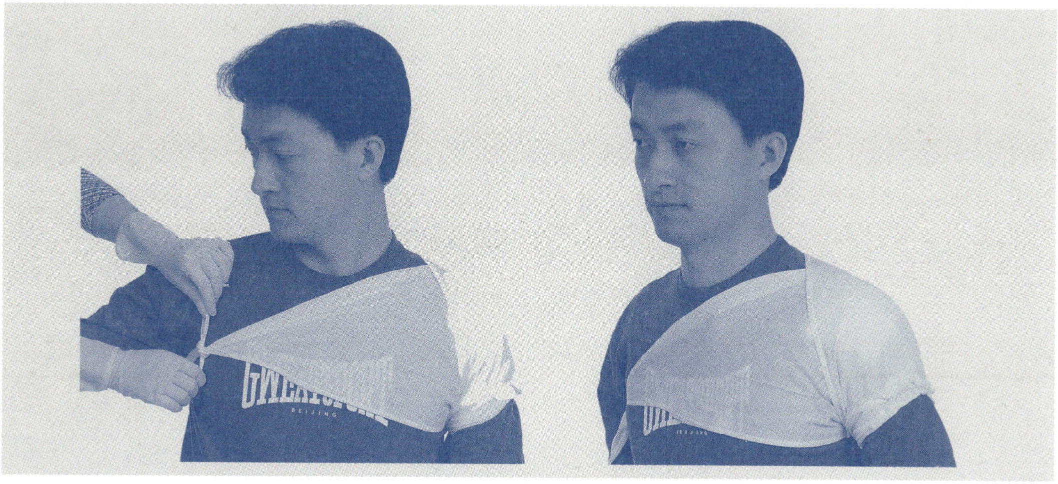

图 10-55a 单肩包扎

③胸部包扎(图 10-55b)。

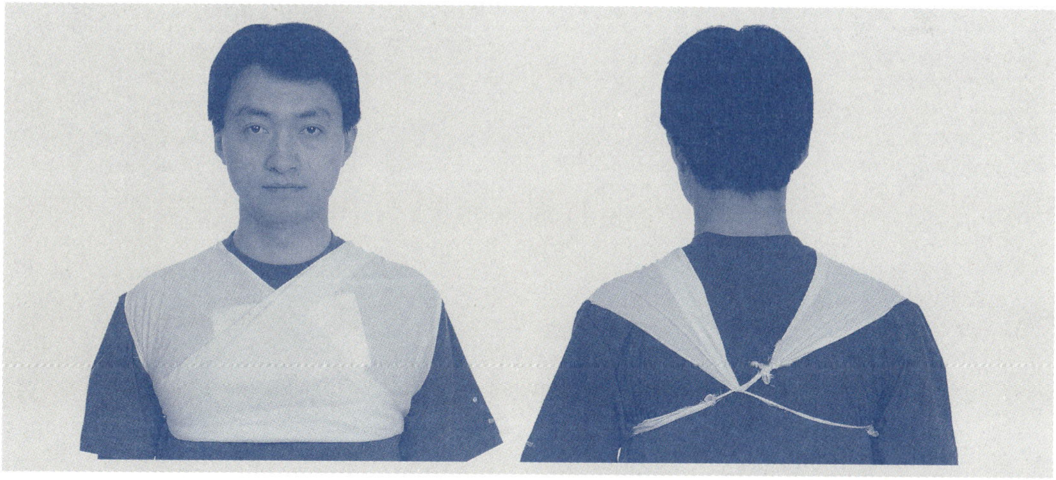

图 10-55b 胸部包扎

④全腹部、侧腹部包扎(图 10-55c1、c2)。

图 10-55c1 全腹部包扎

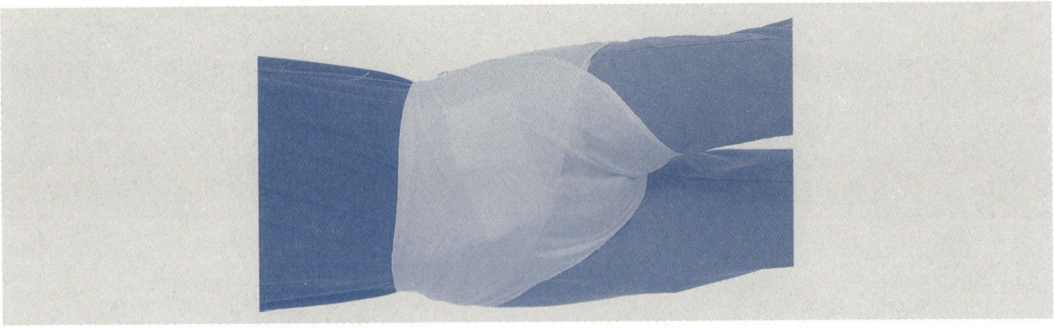

图 10-55c2 侧腹部包扎

⑤手(足)部包扎(图 10-56)。

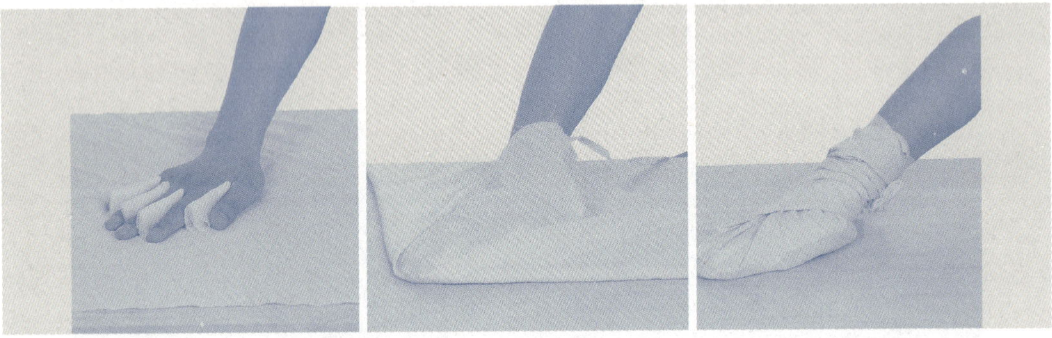

图 10-56 手部包扎

⑥膝(肘)部包扎(图 10-57)。

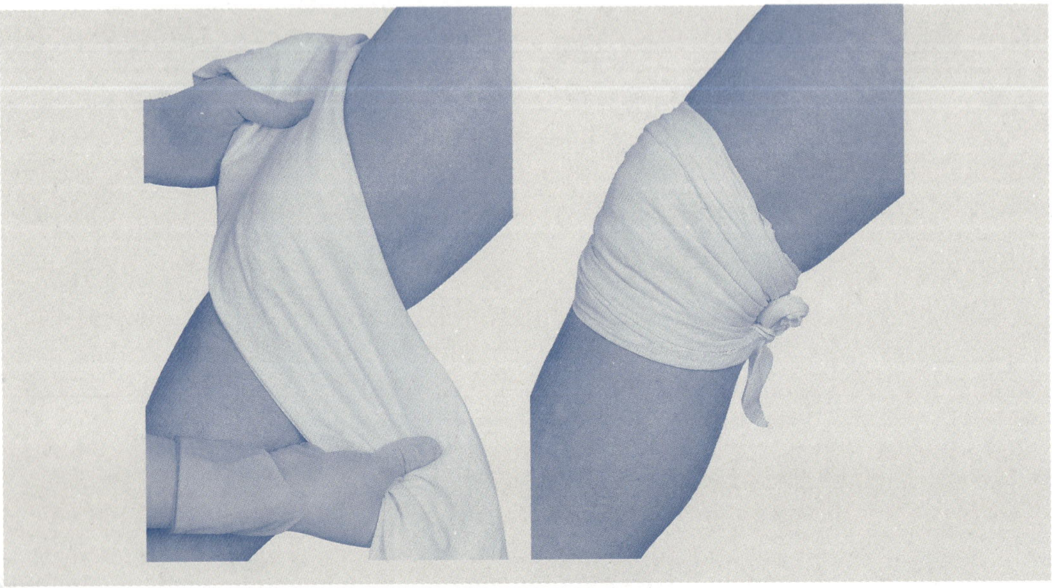

图 10-57 膝部包扎

5.特殊伤口的处理

(1) 大而复杂的伤口现场不冲洗、不复位、不乱用药。

(2) 肢体离断伤处理(图 10-58，图 10-59)。

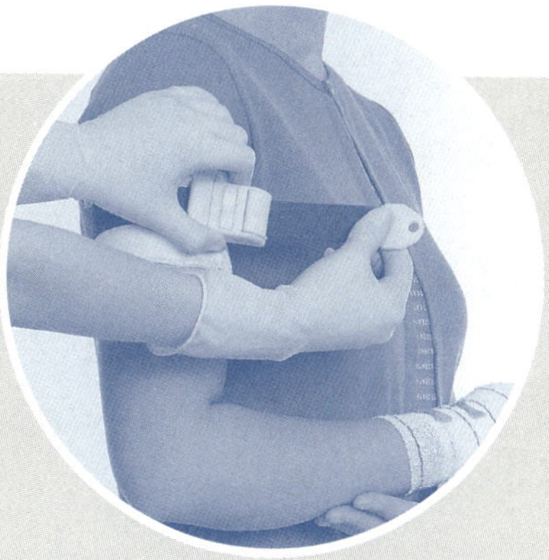

图 10-58 止血

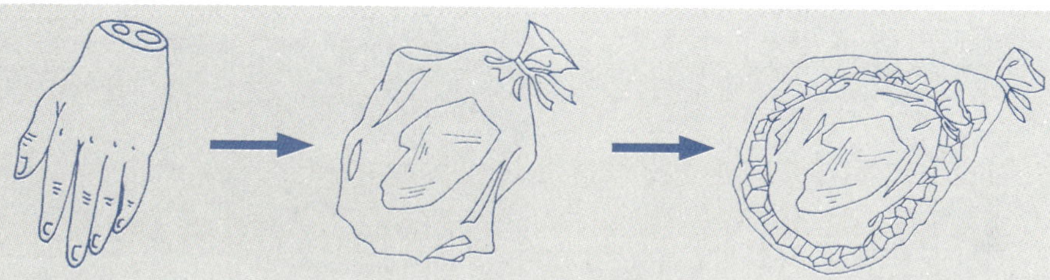

图 10-59 离断肢体的处理

(3)内脏脱出处理(图 10-60a～d)。

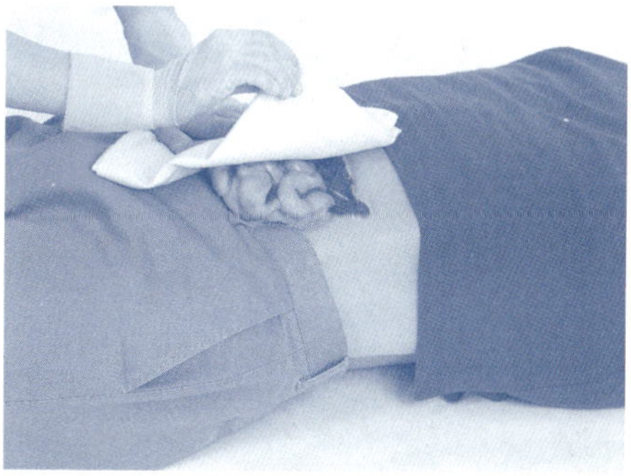

图 10-60a 盖敷料

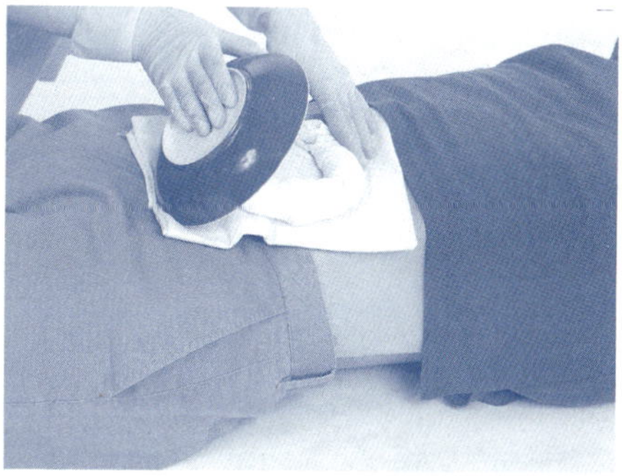

图 10-60b 加圈，盖碗

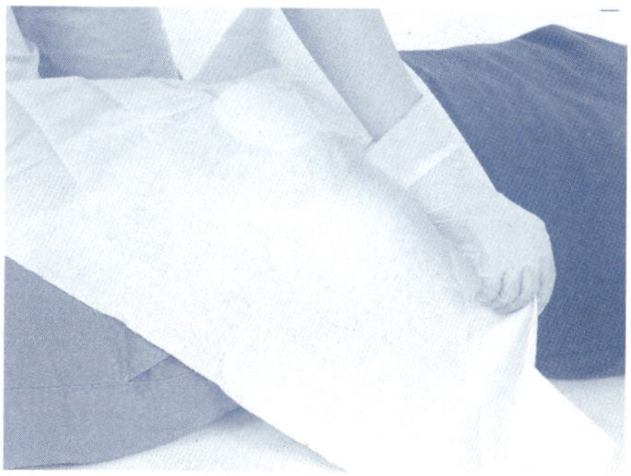

图 10-60c 盖三角巾

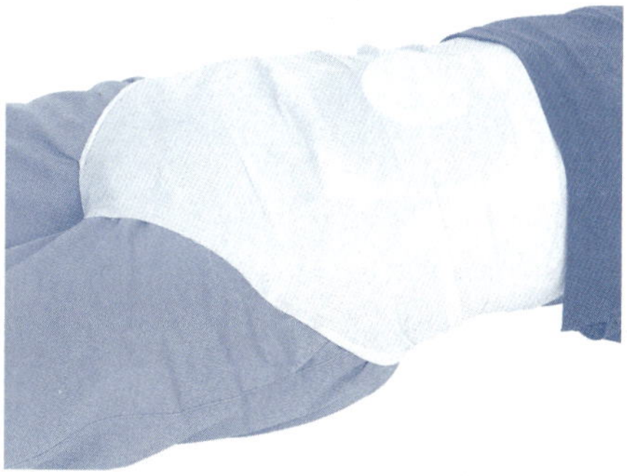

图 10-60d 腹部包扎

(4)伤口异物处理(图 10-61)。

不拔除异物，应该立即固定异物并包扎。

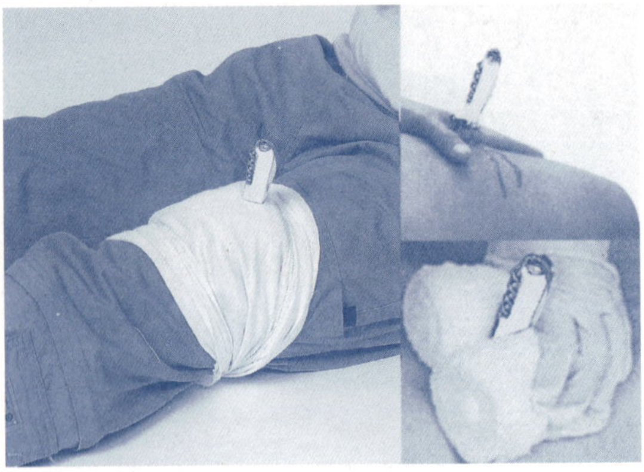

图 10-61 伤口异物处理

(5)颅底骨折有耳鼻漏者，现场不冲洗、不堵塞(图 10-62)。

图 10-62 高空坠落，颅底骨折

6.不同部位骨折固定方法

(1)前臂骨折固定。

①利用夹板固定(图 10-63a～c)。

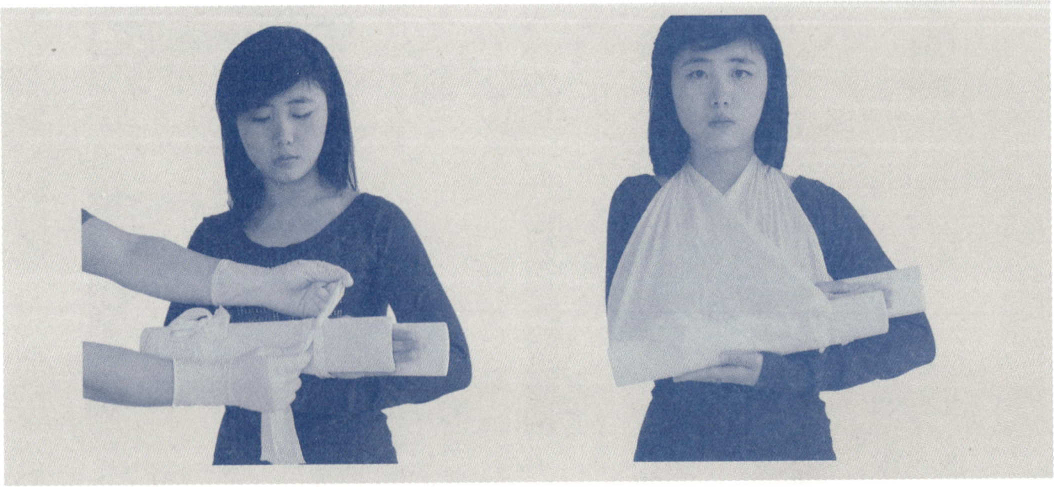

图 10-63a 固定骨折上、下端

图 10-63b 大悬臂带悬吊伤肢

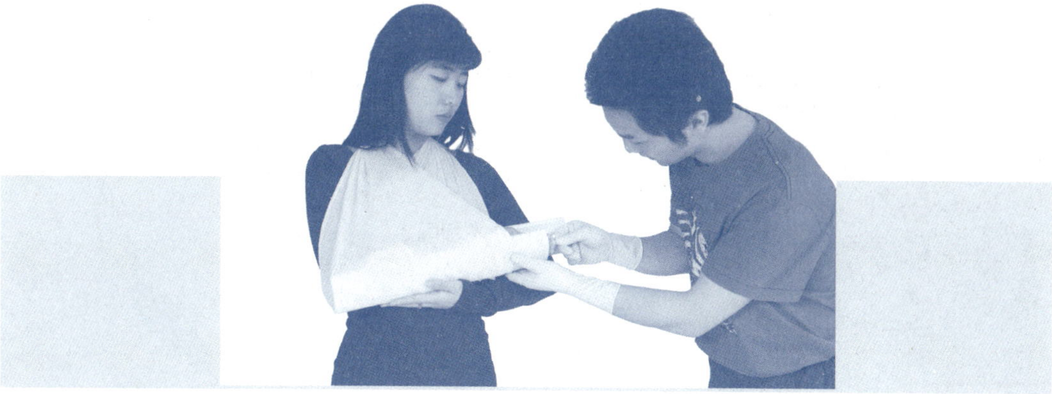

图 10-63c 检查末梢血液循环

②利用就便器材(如报纸、杂志、衣服等)固定(图 10-64a、b)。

图 10-64a 杂志固定

图 10-64b 衣服固定

(2)上臂骨折固定(图 10-65a、b)。

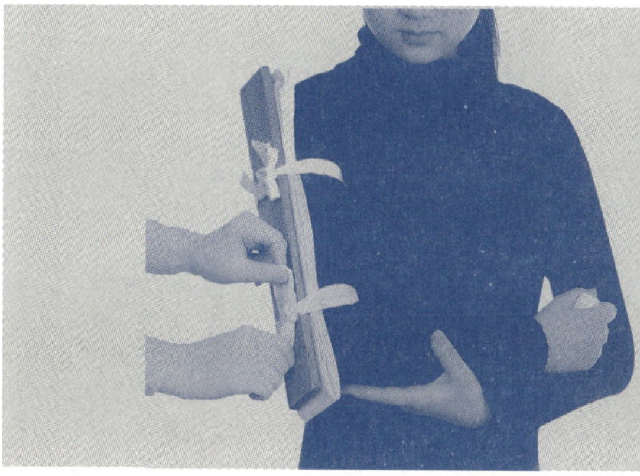

图 10-65a 木板固定

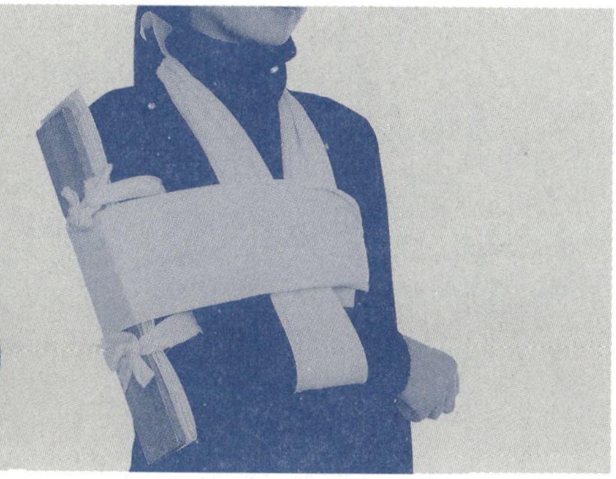

图 10-65b 小悬带悬吊

(3)大腿骨折固定(图 10-66a～c)。

图 10-66a 两块木板固定

图 10-66b 一块木板固定

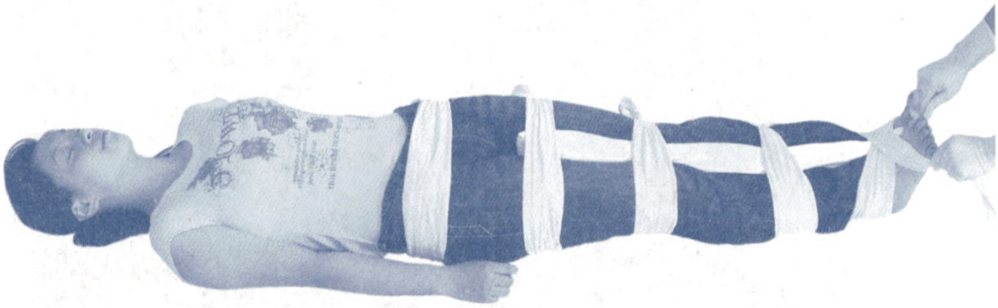

图 10-66c 健肢固定

(4)小腿骨折固定方法。

小腿骨折可利用健肢进行固定(图 10-67)。

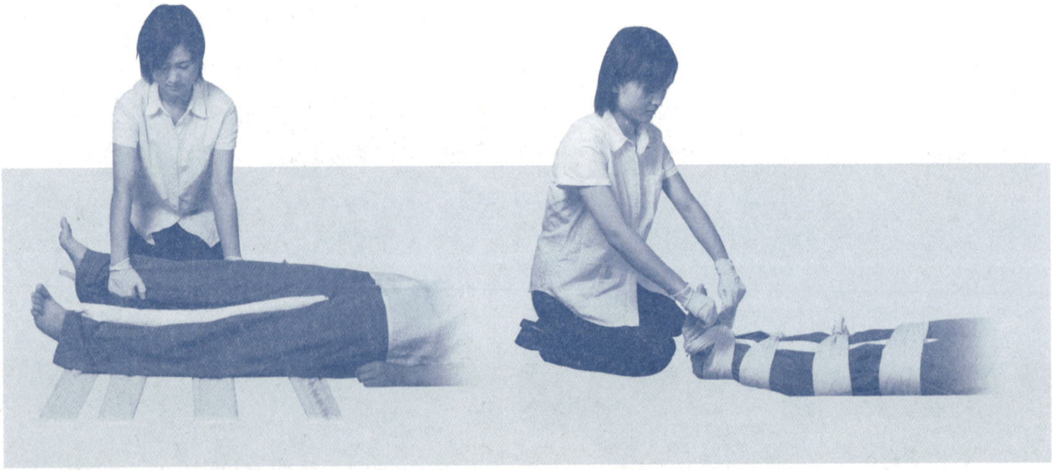

图 10-67 健肢固定

(5)骨盆骨折固定(图 10-68)。

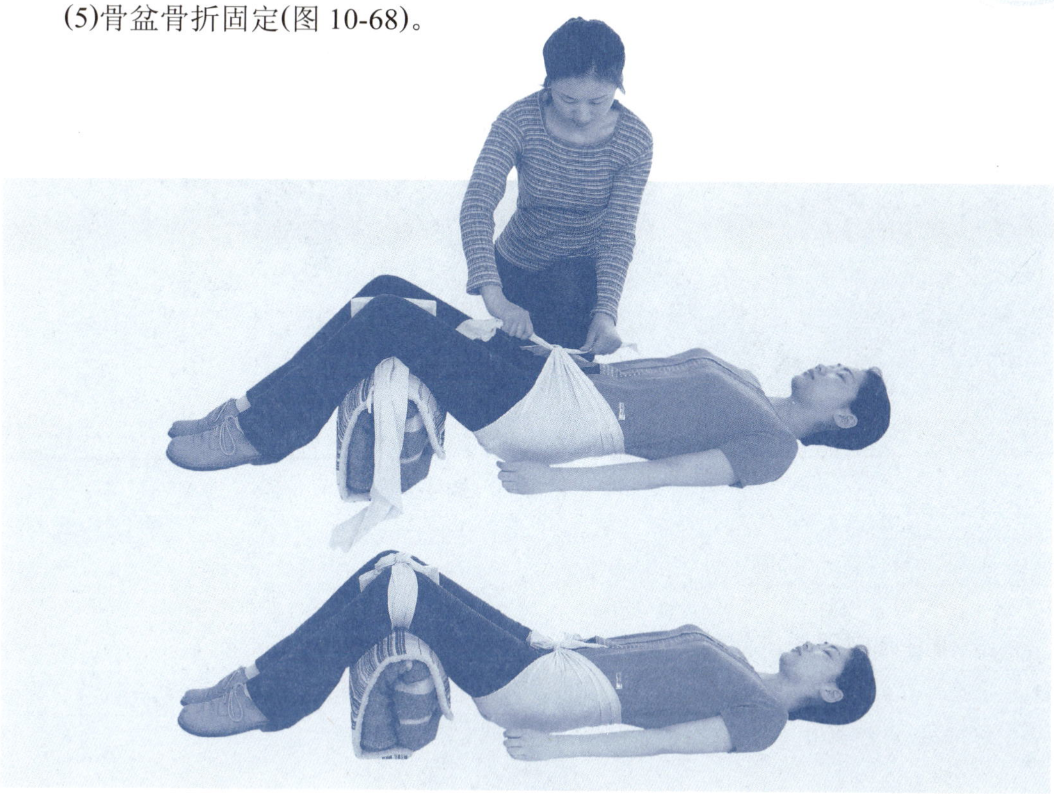

图 10-68 骨盆骨折固定

(6)颈椎骨折固定。

①利用颈托固定(图 10-69a、b)。

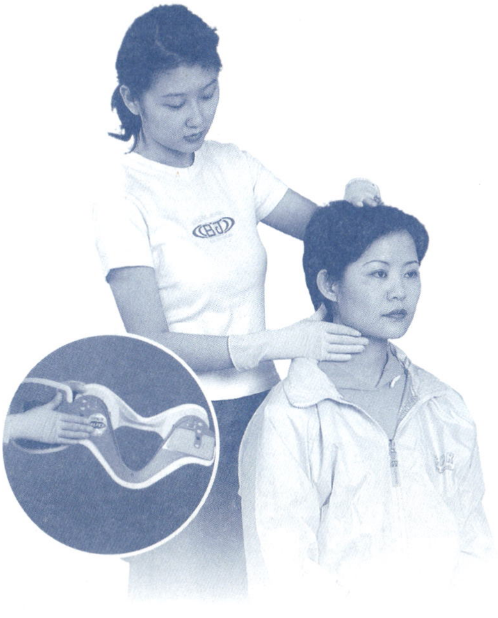

图 10-69a 测颈部高度，选颈托

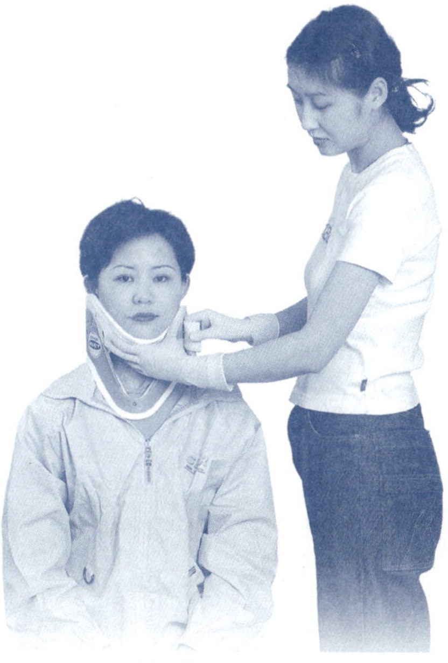

图 10-69b 上颈托并固定

②利用颈托、颈部固定器、脊柱板固定(图 10-70)。

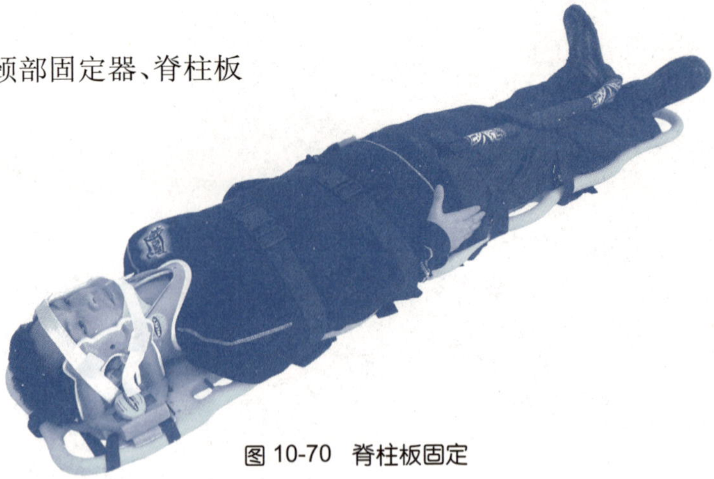

图 10-70 脊柱板固定

③利用自制颈托固定(图 10-71)。

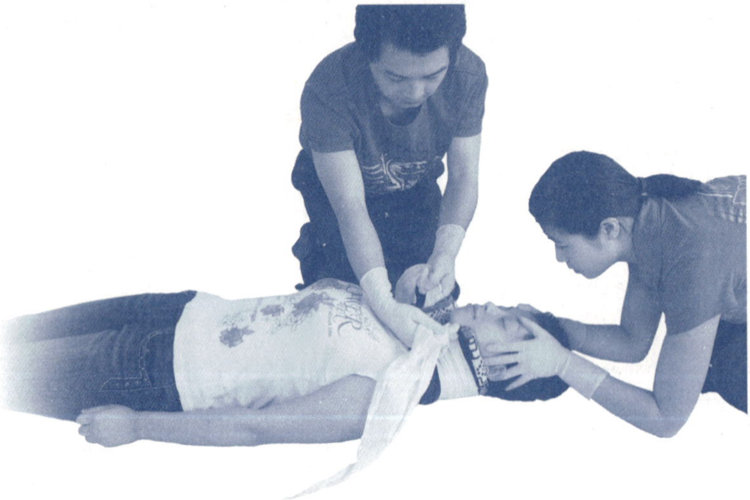

图 10-71 自制颈托固定

④利用木板固定(图 10-72)。

图 10-72 木板固定

7.搬运伤员方法

(1)毛毯、衣服拖行法(图 10-73a～d)。

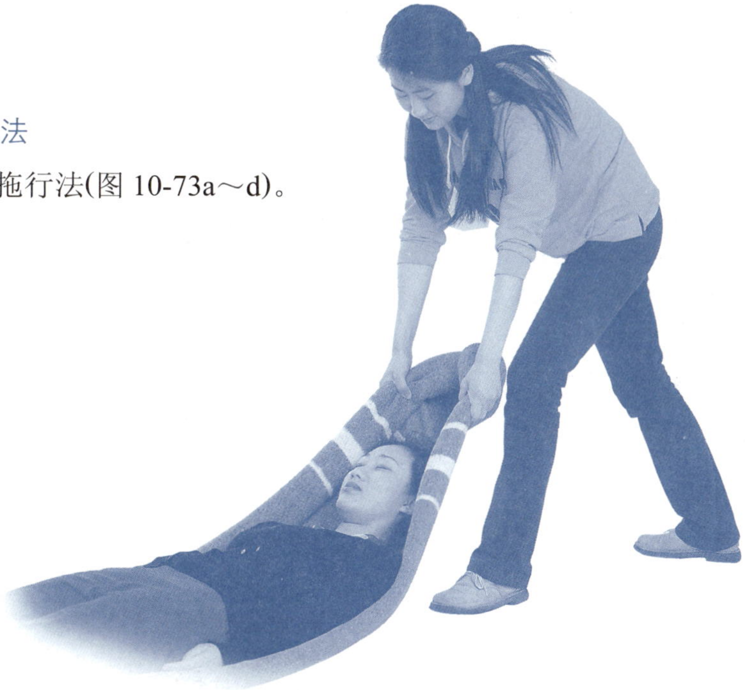

图 10-73a 毛毯拖行

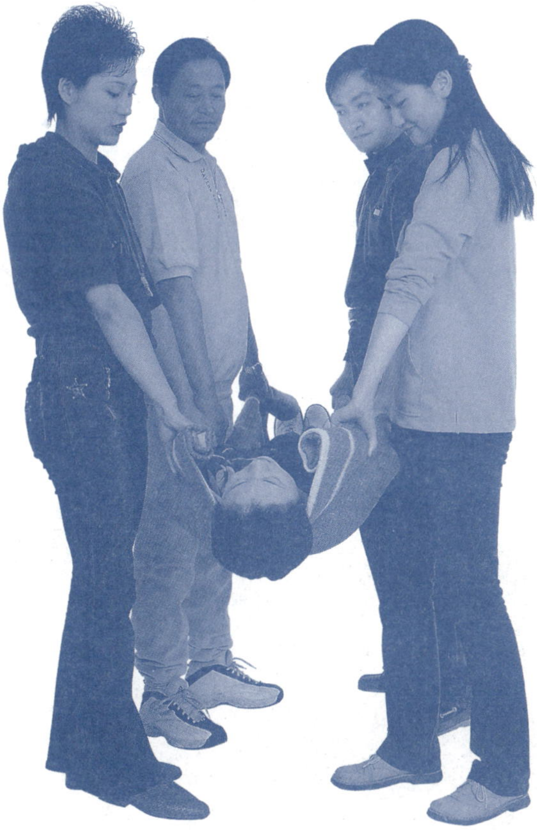

图 10-73b 毛毯担架

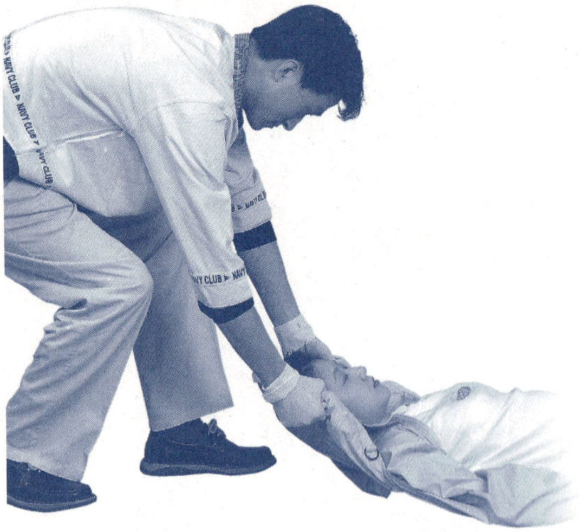

图 10-73c 衣服拖行

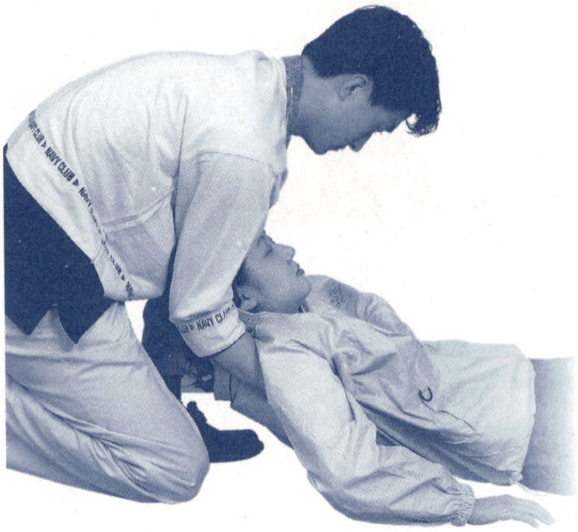

图 10-73d 腋下拖行

(2)爬行搬运(图 10-74)。

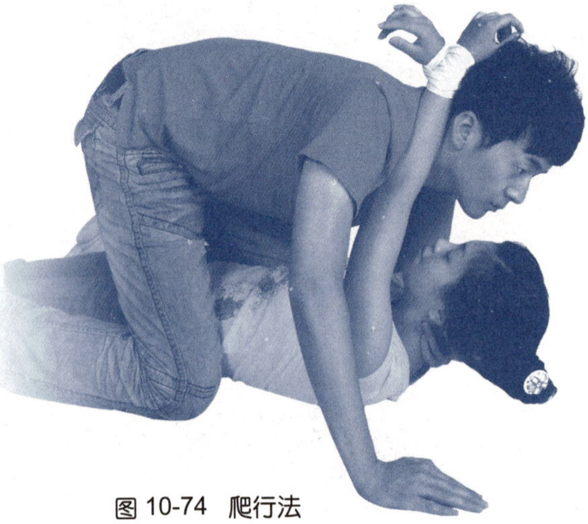

图 10-74 爬行法

(3)颈椎骨折 4 人搬运法(图 10-75a～c)。

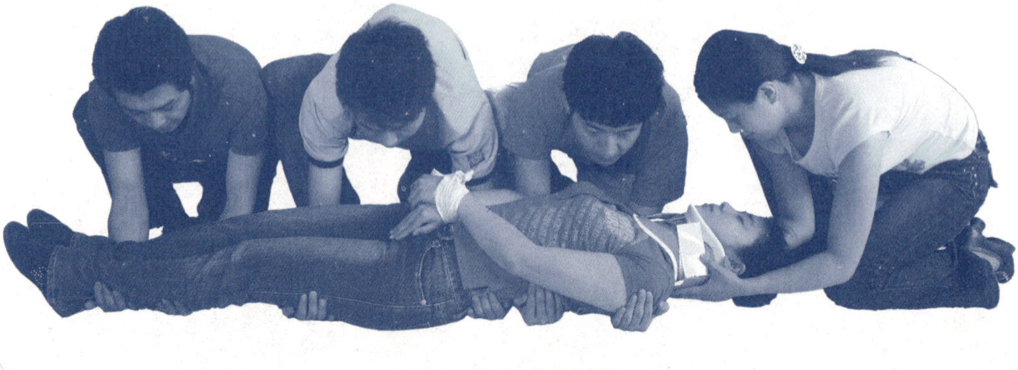

图 10-75a 牵引颈部

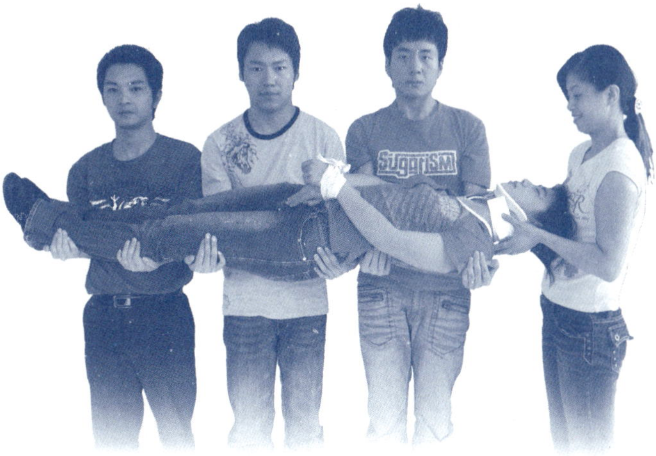

图 10-75b　抬起伤病员

图 10-75c　轴向旋转

(4)骨盆骨折搬运法(图 10-76)。

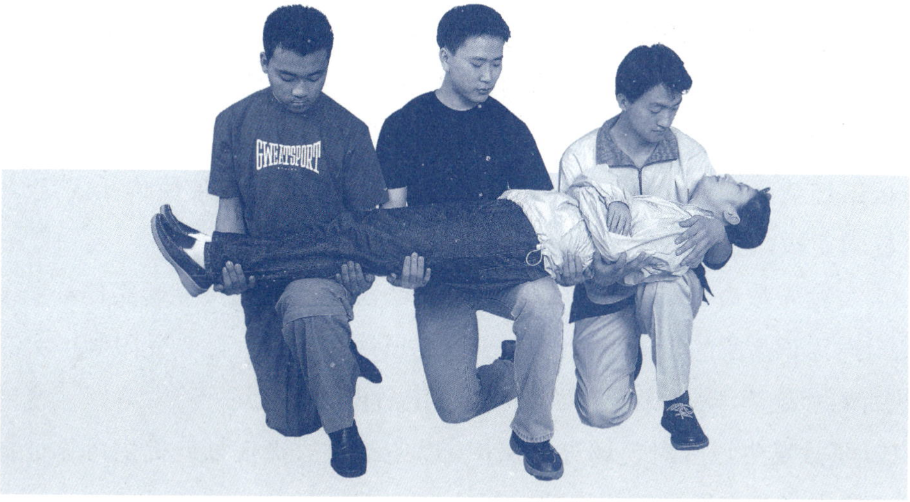

图 10-76　三人搬运法

第四节　意外伤害

除了疾病对人类健康与生命有直接影响外，意外伤害对健康及生命的威胁已越来越严峻。

人们应该对各类伤害有一定的认识，尽量避免意外伤害的发生，一旦发生则应将其危害降到最低程度，这也是我们要掌握意外伤害现场救护技能的最终目的。

一 交通事故

现代社会，人们工作、生活都要与交通工具打交道，因此，交通事故是全球意外伤害中最常见的，其中以公路交通事故——车祸为最常见，如行人、自行车被机动车撞伤，摩托车、汽车翻车伤及车内人员等，群死群伤的公路交通事故伤亡及经济损失均较严重，这种事故社会影响大，常需政府、公安、急救、医疗部门多系统联合救护。青少年中较常见的步行违反交通规则行为和骑车危险行为(如骑车脱把、逆向骑车、骑车带人等)也是导致交通事故的人为因素之一。

公路交通事故损伤的主要受伤部位为头部，胸部，四肢，腹部的肝、脾，骨盆等。其死亡的主要原因为头部损伤、严重的多发伤等。

救护措施：

(1)排除险情→紧急呼救→保护现场→转运伤员。呼救拨打急救电话120、110。

(2)切勿立即移动伤员，除非处境会危害其生命(如汽车着火、有爆炸可能)。

(3)将失事车辆引擎关闭，拉紧手刹或用石头固定车轮，防止汽车滑动。

(4)呼救同时，现场人员首先查看伤员的病情，伤员从车内救出(图10-77)的过程应根据伤情区别进行，脊柱损伤伤员不能拖、拽、抱，应使用颈托固定颈部或使用脊柱固定板，避免脊髓受损或损伤加重，导致截瘫。

(5)实行先救命、后治伤的原则，对呼吸心跳停止的伤员立即实施心肺复苏。

(6)对意识清醒的伤员可询问其伤在何处(疼痛、出血、活动受限等)，立刻检查患处，进行对症处理，疑有骨折应尽量简单固定后再进行搬运。

(7)事故发生后应对现场进行保护，以便给事故责任划分提供可靠证据，并采用最快的方式向交通管理执法部门报告。

图 10-77 将伤员从车内救出

(8)恶性交通事故时，当大量外援到达后要在抢险指挥部统一领导下，有计划、有组织地进行抢救、分类转送伤员等工作。

二 一氧化碳(煤气)中毒

一氧化碳中毒俗称煤气中毒。煤炭、木炭和可燃气(液)体在燃烧不完全时均会产生一种无色、无臭、无刺激性的气体，常见于冬季以煤炉、炭盆取暖时。烟囱堵塞、门窗紧闭、空气不流通的居室，城市居民所用的燃料(煤气)一经泄漏，也会造成煤气中毒。

图 10-78a 开窗通风

图 10-78b 电话呼救

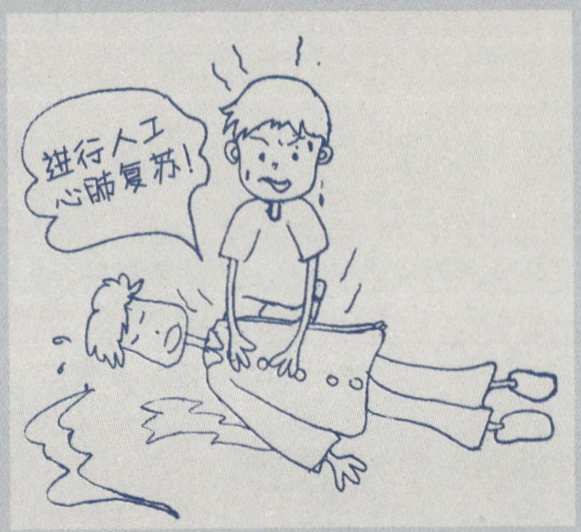

图 10-78c 心肺复苏

(1)症状。

轻度中毒表现为头痛、头晕、耳鸣、全身无力、恶心、呕吐、心悸。

中度中毒除有轻度中毒的症状外，还表现为面色潮红、口唇樱桃红色、躁动不安、呼吸脉搏加快。

重度中毒除有中度中毒的症状外，还表现为面色呈樱桃红色、昏迷、各种神经反射消失、大小便失禁、肺水肿、呼吸衰竭。

(2)救护措施。

☞ 当发现室内有大量煤气泄漏时，救护员应用湿毛巾捂住口鼻做好自身防护，迅速关闭煤气总闸，严禁在现场打电话、点火和开启照明设备。

☞ 发现伤员立即将门窗打开或将伤员移至空气新鲜处(图 10-78a)，并大声呼救。

☞ 确保伤员呼吸道通畅，将伤员头面部偏向一侧，以防其呕吐物吸入呼吸道引起窒息；解开伤员的衣领纽扣，同时注意保暖。

☞ 呼叫城市急救机构或社区医生前来急救(图 10-78b)。

☞ 症状较轻的伤员注意保暖，并给其含糖茶等热饮料。

☞ 有条件可吸氧。

☞ 对呼吸、心跳骤停的伤员立即展开心

肺复苏(图 10-78c)。

☞ 急呼煤气公司排除故障。

三 溺水

溺水致死的原因有两种。一是大量水、藻、草类、泥沙进入口鼻、气管和肺，阻塞呼吸道，而引起窒息。二是呛水导致喉头痉挛，呼吸道梗阻而窒息。

救护措施：

(1)水中救护。

充分做好自我保护。救护员如无能力，千万不要贸然入水，应立即高声呼救；如自觉有能力，可入水救护落水者。

迅速从后面靠近落水者，不要被慌乱挣扎中的落水者抓住(图 10-79a)。

图 10-79a 从后面靠近落水者

从后面双手托住落水者，使其口鼻露出水面，以利于呼吸，两人均采用仰泳姿势，将其带至安全处(图 10-79b、c)。

有条件的可采用可以漂浮的脊柱板救护落水者，有必要时可进行口对口的人工呼吸。

高声呼救，获得帮助，拨打急救电话。

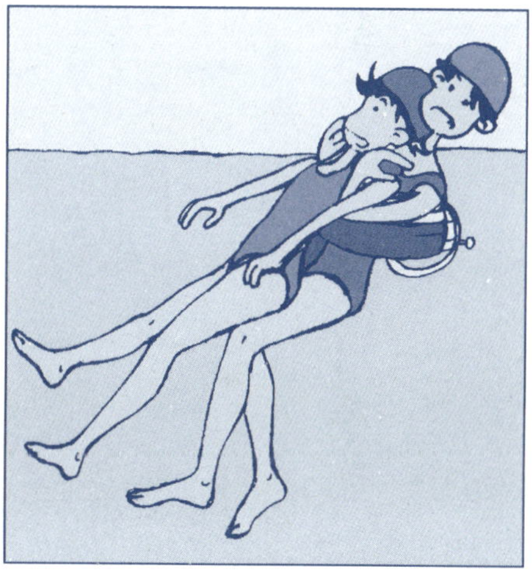

图 10-79b 双手托住落水者

(2)岸上救护。

上岸后，将伤员头部偏向一侧，清除口、鼻腔内的泥沙、污物及异物，打开气道，保持呼吸道通畅。检查呼吸、脉搏。

对淹溺者，尤其是海水淹溺者，救护员立即取半跪姿势，将溺水者的腹部放在大腿上，使头部下垂，轻压其背部，或采用海氏腹部冲击法，给予控水。如果控水效果不佳，不要为此而耽误时间，应在稍加控水后立即进行CPR术。

图 10-79c 带至安全处

如遇呼吸停止、意识丧失者，迅速打开气道，口对口吹气 2 次，胸部若无起伏，按昏迷气道梗阻的方法救治。

如果发现呼吸、心跳骤停，立即心肺复苏。

不要轻易放弃救护，特别是低体温情况下，应抢救更长时间，直到专业医务人员到达现场。

现场救护有效，伤员恢复心跳、呼吸，可用干毛巾擦遍全身。自四肢、躯干向心脏方向摩擦，以促进血液循环，注意保暖。

四 犬咬伤与狂犬病

图 10-80 犬咬伤

世界各地都有养犬的习惯，犬与人的接触较为密切，随着家庭饲养宠物的增多，犬咬伤(图 10-80) 和狂犬病逐年增多，已成为全球性的严重的公共卫生问题。

狂犬病是被感染狂犬病病毒的动物——常见的是狗、猫等——咬伤、抓伤、舔舐伤口或黏膜而引起的急性传染病。狂犬病病毒存在于这些动物的神经组织和唾液中，当人受到病犬咬伤后，病毒经伤口进入人体内。狂犬病主要临床表现为特有的恐水怕风、咽肌痉挛、进行性瘫痪(麻痹)，因恐水症状严重，又称恐水症。一旦发病，进展迅速，生存的可能性极小，病死率几乎达 100%。

救护措施：

(1)被犬、猫等宿主动物咬、抓伤后，凡不能确定伤人动物是健康动物的，都要采取积极措施进行治疗。

(2)局部伤口的处理越早越好。立即挤出污血，用肥皂水或清水彻底冲洗伤口至少 30 分钟，冲洗后用 2%～3%的碘酒或 75%的酒精涂擦伤口。

(3)只要未伤及大血管，局部伤口不缝合、不包扎、不涂软膏、不用粉剂，以利于伤口排毒及防止形成闭合腔隙，造成低氧环境后利于病毒生存。如伤及头面部、伤口大而深、伤及大血管需要缝合包扎时，应在不妨碍引流、保证充分冲洗和消毒的前提下，做抗血清处理后再缝合。

(4)立即就近到狂犬病免疫预防门诊就医，按照接种程序，及时(确保在24小时内)、全程、足量接种狂犬病疫苗。受伤严重的还需要注射抗狂犬病血清或免疫球蛋白。

(5)接种期间要避免剧烈活动，忌用免疫抑制药物，不宜进食酒、咖啡、浓茶和辛辣刺激性食物。

(6)伤口较深、污染严重者酌情进行抗破伤风处理和使用抗生素等，以控制狂犬病以外的其他感染。

(7)将伤人的动物隔离，立即带到动物医院诊断，并向动物防疫部门报告。

五 烧烫伤

烧烫伤是日常生活中常见的意外，可造成局部组织损伤、皮肤功能障碍、体液丢失、细菌感染等，严重者可危及生命。

(1)症状。

烧伤对人体组织的损伤程度一般分为三度。

Ⅰ度表现为轻度红、肿、痛、热，感觉过敏。表面干燥无水泡。

Ⅱ度分为浅Ⅱ度和深Ⅱ度，浅Ⅱ度表现为剧痛、感觉过敏、有水泡；泡皮剥脱后，可见创面均匀发红，水肿明显。深Ⅱ度表现为感觉迟钝，有或无水泡，基底苍白，间有红色斑点，创面潮湿。

Ⅲ度表现为皮肤疼痛消失，无弹性，干燥无水泡，皮肤呈皮革状、蜡状、焦黄或炭化；严重时可伤及肌肉、神经、血管、骨骼和内脏。

(2)救护措施。

☞ 脱离热源。

☞ 用冷清水冲洗 20 分钟或至无疼痛感觉时(图 10-81a)。

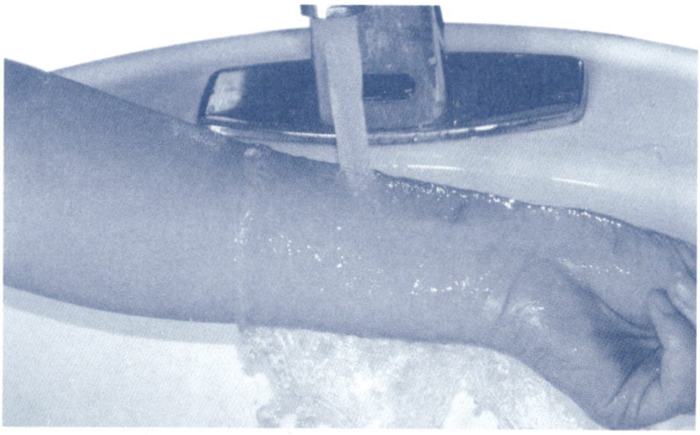

图 10-81a 冷清水冲洗

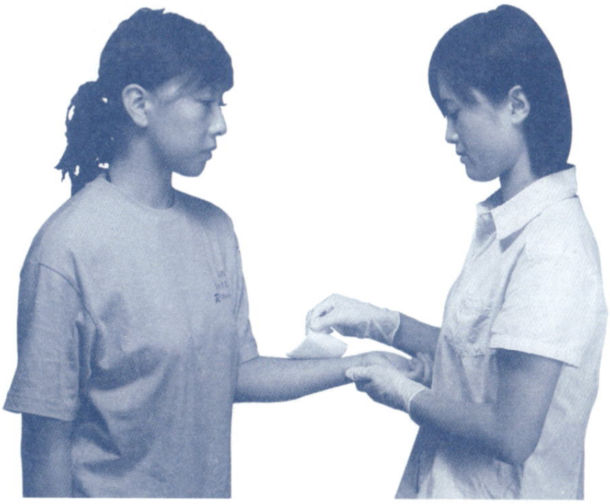

图 10-81b 盖敷料

☞ 轻轻擦干伤口，用纱布遮盖，保护伤口(图 10-81b)。

☞ 严重烧伤，迅速拨打急救电话，送医院。

☞ 不随便涂药，不挑开水泡。

六 化学物品烧伤

化学物品对组织的损害与酸类、碱类的浓度、接触时间长短、接触量多少有关。强酸对组织的局部损害为强烈的刺激性腐蚀，不仅创面被烧，并能向深层侵蚀。但由于局部组织细胞蛋白被凝结，从而能够阻止烧伤的继续发展。碱性物质更能渗透到组织深层，日后形成的瘢痕较深。

(1)症状。

化学物品烧伤的伤口呈棕褐色，盐酸、石碳酸烧伤的伤口呈白色或灰黄色，硝酸烧伤的伤口呈黄色。

烧伤局部疼痛剧烈，皮肤组织溃烂；如果酸、碱类通过口腔进入胃肠道，则可造成口腔、食道、胃黏膜腐蚀、糜烂、溃疡出血、黏膜水肿，甚至发生食道壁穿孔和胃壁穿孔。严重烧伤伤员可引起休克。

(2)救护措施。

①弱酸弱碱烧伤。

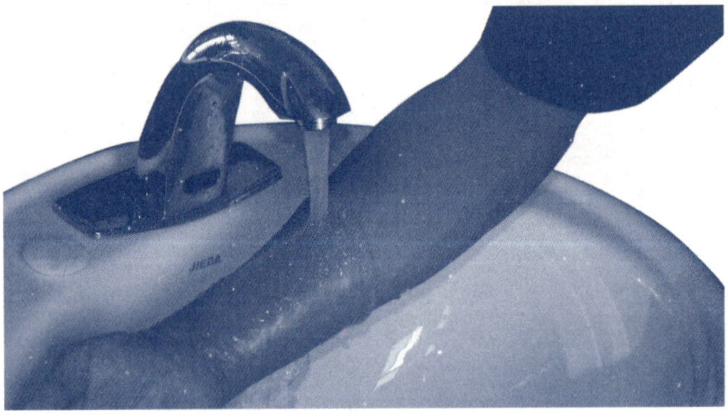

图 10-82 清水冲洗

☞ 立即用大量流动清水彻底冲洗伤口(图 10-82)。

☞ 小心除去沾有化学物品的衣服、饰物、手表等。

☞ 处理相关损伤。

☞ 速送医院。

②强酸强碱烧伤。

☞ 用干净的干布迅速将酸、碱蘸干。

☞ 用流动的清水彻底冲洗受伤部位。

☞ 除去沾有化学物品的衣服、饰物、手表等。

☞ 处理相关损伤。

☞ 拨打急救电话，速送医院。

七 电击伤(触电)

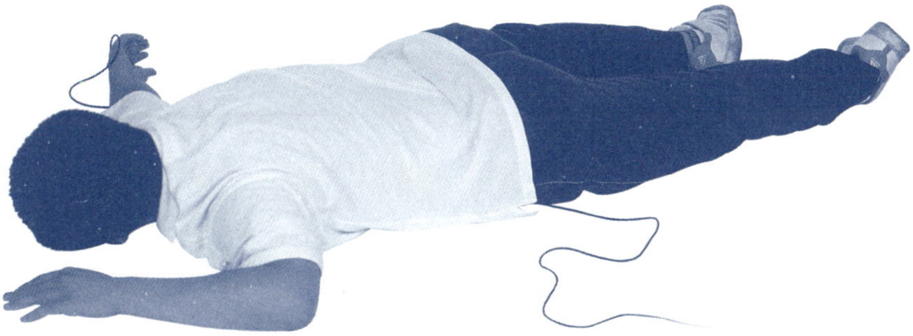

图 10-83 触电

触电(图10-83)时，电流通过人体的方式不同所造成的伤害也不同，电流由一侧上肢至另一侧上肢或下肢时，电流恰通过胸部，比电流通过一侧下肢至另一侧下肢危险性大。同样，电流通过躯干左侧比通过右侧危险性大。电对人体的伤害可概括为电流本身及电能转换为热和光效应所造成的伤害。

(1)症状。

轻者有惊吓、发麻、心悸、头晕、乏力等症状，一般可自行恢复。重者出现强直性肌肉收缩、昏迷、休克、心室颤动。低压电流可引起心室颤动至心跳骤停；高压电流主要伤害呼吸中枢，导致呼吸麻痹、呼吸停止。

(2)救护措施。

☞ 切断电源，用绝缘物将伤员与电线分开。救护者手要擦干。

☞ 在确定伤员不带电的情况下，立即对之进行救护。

☞ 无呼吸、心跳者立即进行心脏除颤、心肺复苏。

☞ 检查是否有其他损伤。

☞ 用纱布遮盖受伤部位，包扎。

☞ 拨打急救电话，速送医院。

遇有高压电击伤者，切勿贸然上前施救，应立即拨打110、120以及电业部门的抢救电话。

图 10-84 蛇咬伤

八 蛇咬伤

蛇咬伤（图 10-84）对人体的危害主要是其毒液。不同毒蛇的毒液不同，大致可分为神经毒、血液毒、混合毒三类。

(1)症状。

神经毒：1~3 小时后头晕，嗜睡，流涎，声音嘶哑，言语、吞咽困难，视物模糊，呼吸困难，共济失调，严重者全身瘫痪、惊厥等。

血液毒：发热、心悸、烦躁不安、谵妄、鼻衄、少尿或无尿、皮肤黏膜瘀斑、黄疸、贫血、心律失常、休克等。

混合毒：对神经系统、血液和循环系统损害的症状均可出现，但主次不同，很快致呼吸麻痹和循环衰竭。

(2)救护措施。

☞ 首先确定是否被毒蛇咬伤，毒蛇咬伤的伤口上有两个较大、较深的牙痕（图 10-85a）。

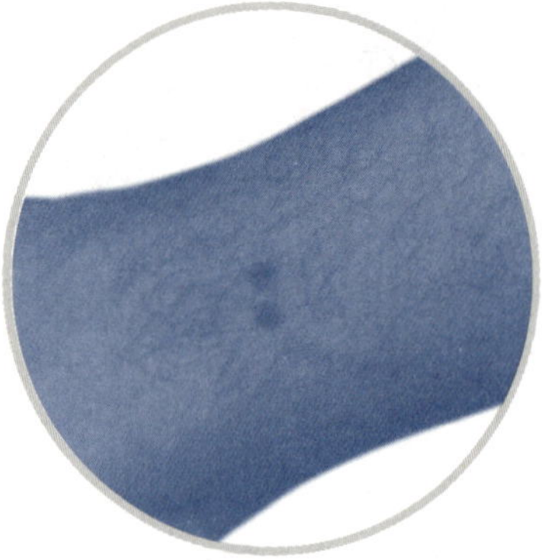

图 10-85a 毒蛇咬伤后的牙痕

☞ 确认被毒蛇咬伤后不要惊慌、奔跑及饮酒。

☞ 放低伤肢，用布带在咬伤处近心端 5 厘米处扎紧，并每隔 10 ～ 20 分钟放松 1 ～ 2 分钟(图 10-85b)。

☞ 冲洗或烧灼局部伤口，除去伤口的毒液。

☞ 拨打急救电话，速送医院。

图 10-85b 在近心端扎紧

参考文献

[1] 樊富珉.大学生心理咨询案例集.北京:清华大学出版社,1994.

[2] 马修 · 麦凯.人际沟通技巧.上海:上海社会科学院出版社,2005 .

[3] 金春雪.大学生安全教育.贵州:贵州人民出版社,2008.

[4] 孔平,张秋影.大学生心理健康教育.北京:首都师范大学出版社,2008.

[5] 蒋德勤,等.当代大学生安全教育.北京:现代教育出版社,2009.

[6] 吴维库.情商与影响力.北京:机械工业出版社,2010 .

[7] 陈义伟.平安人生——大学生安全知识读本.北京:北京航空航天大学出版社,2010.

[8] 张国清.上海市大学生安全教育读本 .上海:同济大学出版社,2010.

[9] 樊富珉,何瑾.团体心理辅导.上海:华东师范大学出版社,2010.

[10] 薛成斌,甘勇.大学生安全教育读本.上海:同济大学出版社,2011.

[11] 中国红十字会总会.救护师资培训教材.北京:社会科学文献出版社,2003.

[12] 中国红十字会总会.救护员指南.北京:社会科学文献出版社,2005.

图书在版编目（CIP）数据

大学生生命安全读本/中国红十字会总会编.—北京：社会科学文献出版社，2014.8（2015.8 重印）
（安全救护系列图书）
ISBN 978-7-5097-6164-9

Ⅰ.①大… Ⅱ.①中… Ⅲ.①大学生-安全教育
Ⅳ.①G645.5

中国版本图书馆 CIP 数据核字（2014）第 126393 号

·安全救护系列图书·
大学生生命安全读本

编　　者／中国红十字会总会

出 版 人／谢寿光
项目统筹／许春山
责任编辑／王珊珊

出　　版／社会科学文献出版社·教育分社（010）59367278
地址：北京市北三环中路甲 29 号院华龙大厦　邮编：100029
网址：www.ssap.com.cn
发　　行／市场营销中心（010）59367261　59367278
读者服务中心（010）59367261
印　　装／北京千鹤印刷有限公司

规　　格／开　本：787mm×1092mm　1/16
印　张：7.125　字　数：90 千字
版　　次／2014 年 8 月第 1 版　2015 年 8 月第 2 次印刷
书　　号／ISBN 978-7-5097-6164-9
定　　价／18.00 元